소중한 ＿＿＿＿＿＿ 님에게
이 책을 드립니다.

고단한 삶에 희망의 등불을 켜자
감동의 기쁨을 찾아서

편저자 박승희
발행인 고본화
발 행 반석출판사
2013년 1월 05일 초판 1쇄 인쇄
2013년 1월 10일 초판 1쇄 발행
반석출판사 | www.bansok.co.kr
이메일 | bansok@bansok.co.kr
트위터 | @bansok_books

157-779 서울시 강서구 염창동 240-21 우림블루나인 비즈니스센터 B동 904호
대표전화 02) 2093-3399 **팩 스** 02) 2093-3393
출 판 부 02) 2093-3395 **영업부** 02) 2093-3396
등록번호 제315-2008-000033호

Copyright ⓒ 박승희

ISBN 978-89-7172-693-8 (03320)

감·동·의·기·쁨, 삶·의·지·혜

고단한 삶에 희망의 등불을 켜자

THE GREAT PRESENT

감동의 기쁨을 찾아서

머리말

위대한 인물들이 전하는 위대한 선물

THE GREAT PRESENT

이 책에는 인류 역사상 위대한 발자취를 남긴 인물들이 전하는 선물
(사랑, 의지, 지혜, 처세)이 담겨 있습니다.

아름다운 세상을 위한 사랑편

이 세상에서 가장 아름다운 말이 바로 사랑입니다. 그 사랑이 인간에
대한 신의 사랑이든, 자식에 대한 부모의 사랑이든, 친구나 연인의
사랑이든지 간에 사랑이라는 이름은 참으로 아름답습니다. 여기서는
고아의 아버지로 불린 페스탈로치, 죽음마저 함께한 고흐 형제, 아프
리카 원주민들을 위해 사랑의 의술을 펼친 슈바이처 등 모두 26편의
사랑 메시지가 실려 있습니다.

성공적인 삶을 위한 불굴의 의지편

인간의 의지와 노력 앞에서는 운명도 비켜간다는 말이 있습니다. 자
신의 운명을 스스로 개척함으로써 자신의 발전은 물론 인류 발전에
이바지한 인물들이 여기 있습니다. 갖은 역경을 헤치고 마침내 불후
의 명작을 남긴 렘브란트, 결코 포기를 몰랐던 파가니니, 올림픽에서
금메달을 딴 소아마비 소녀 등 모두 24편의 일화가 실려 있습니다.

세상을 바로 보기 위한 삶의 지혜편

사람은 마음의 눈을 감으면 진실을 볼 수 없고 진리를 발견할 수 없습니다. 삶의 지혜를 얻기 위해서는 자신에 대한 냉철한 평가와 자신과의 쉼없는 대화를 통해 가능합니다. 행동 자체가 자신의 거울임을 알아야 한다고 일깨운 쇼펜하우어, '학문에는 왕도가 없다.'는 유명한 말을 남긴 유클리드 등이 전하는 삶의 지혜는 현세에도 좋은 귀감이 되고 있습니다.

현명한 삶을 위한 처세편

한평생 머리를 숙이며 겸허한 자세로 살다간 벤저민 프랭클린, 대통령 시절 백악관 시종들까지 세심하게 배려한 루스벨트, 삶의 행복이 멀리 있는 게 아니라 바로 자신의 옆에 있다는 것을 깨달은 윌 듀런트 등, 모두 30여 편의 현명한 메시지가 담겨 있습니다.

이 책이 독자 여러분에게 삶의 전진과 성공을 위한 밑거름이자 마음을 비추는 거울이 되길 진심으로 바랍니다.

목차

제1장

·

아름다운
세상을 위한
사랑편

아스피린 한 병의 작은 기적
- 슈바이처

　　이탈리아의 어느 작은 마을에 한 소년이 살고 있었다. 소년은 우연히 책을 보다가 아프리카의 오지에서 원주민들을 돌보며 생활하고 있는 슈바이처 박사에 관한 글을 읽게 되었다. 자신의 모든 것을 포기하고 가족과 떨어져 남을 돕는 슈바이처 박사의 생활은 소년을 눈물짓게 했다.

　　소년은 슈바이처 박사를 도와야겠다는 생각을 하였다. 그렇지만 슈바이처 박사는 아프리카에 있었고, 소년은 그와는 멀리 떨어진 이탈리아의 작은 시골마을에 있는데 무슨 수로 그를 도울 수 있을까.

　　생각 끝에 소년은 공군사령관에게 편지를 보냈다. 편지와 함께 보낸 아스피린 한 병을 혹시 아프리카를 지나가는

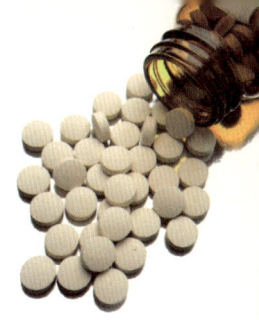

비행기가 있으면 그 편에 보내어 낙하산으로 슈바이처 박사에게 전해달라는 내용이었다. 사령관은 소년의 착한 마음에 감동하여 소년의 편지를 그대로 방송에 내보냈다.

그 결과 방송국과 군부대에는 아프리카에 보내 달라며 보낸 국민들의 각종 의료용품이 산더미처럼 쌓였다. 나중에 슈바이처 박사에게 보내기 위하여 한 자리에 의료용품을 모아보니 수억 원어치나 되었다. 후에 그 구호품을 받은 슈바이처 박사는 이렇게 말했다.

"한 소년이 이런 놀라운 일을 할 수 있다니……. 소년은 그 옛날 예수께서 먼저 물고기와 보리떡을 내놓아 수십만 명을 먹여 살린 것과 똑같은 일을 했습니다." ✝

슈바이처
(Albert Schweitzer, 1875년~1965년)

프랑스의 의사, 음악가, 철학자, 개신교 신학자이자 루터교 목사이다. 슈바이처는 '생명에 대한 경외'라는 철학을 바탕으로 인류의 형제애를 발전시키는데 기여한 공로로 1952년 노벨 평화상을 수상하였다.

위대한 물리학자를 만든 여인
- 알베르트 아인슈타인

상대성 원리를 발견한 미국의 이론 물
리학자 아인슈타인은 사촌 누이인 엘리자와 결혼했
다. 엘리자는 남편이 어려운 일을 해내는 데에는 무엇
보다도 마음의 평화가 깃들어야 함을 알았다. 그래서 풍족
하지 않은 집안 형편 때문에 남편을 괴롭히지 않으려고 애썼
다. 남편의 명성이 높아지자 수많은 사람들이 찾아왔지만, 이
들을 정중히 돌려보내 연구를 계속하도록 했다.

아인슈타인은 위장이 약했기 때문에 음식은 언제나
그녀가 손수 만들었다. 남편의 책상 위에 놓인 것은 아무리 보
잘것없는 종이일지라도 절대로 손을 대지 않았다. 그녀는 과
학자의 심경을 잘 알고 있었다. 아인슈타인은 헐렁한 바지에
낡은 스웨터를 걸쳐 입었고, 작은 서재에는 나무 책상과 의자

하나, 그리고 산더미 같은 책뿐이었다. 아인슈타인은 세상 물정에는 너무나 어두웠다.

"호주머니에 백 마르크가 들어 있어요. 꼭 식사를 챙겨 드세요." 외출하는 남편에게 용돈을 잊지 않고 넣어 주었으나 돌아온 남편 주머니에는 돈이 그대로 들어 있었다. 그녀는 이런 아인슈타인을 세심하게 돌보아 주어 오르지 연구생활에만 몰두하게 했다.

사람들은 지구 역사상 가장 위대했던 물리학자가 아이슈타인이라고 말을 하지만 아이슈타인이 위대한 물리학자가 되기까지 궂은 집안일을 도맡아 했던 엘리자에 대해서는 이야기하지 않는다. 하지만 이제는 알아야 한다. 위대한 물리학자 아이슈타인을 만든 것은 아이슈타인을 사랑하고 평생 돌보아 준 아내 엘리자라는 것을……. †

알베르트 아인슈타인
(Albert Einstein, 1879년~1955년)

독일 태생의 물리학자이다. 그의 일반 상대성이론은 현대 물리학에 지대한 영향을 끼쳤으며 1921년 광전효과에 관한 기여로 노벨 물리학상을 수상하였다. 그는 특허 심사관으로 근무하면서 일련의 중요한 논문들을 연달아 발표했다. 이 논문들은 현대 물리학에서 양자역학과 상대성이론이라는 두 축을 등장시킨 혁명적인 논문들이었다.

「주홍글씨」를 쓴 여인

- 너대니얼 호손

절망과 희망은 한 몸이다. 사람의 앞으로 다가오면 희망이고, 뒤로 다가오면 절망이다. 희망과 절망은 결코 분리될 수 없다. 희망이 가득하다고 경솔해서는 안 되고, 절망이 드리워져도 포기해서는 안 된다.

너대니얼 호손이 근무처인 세일렘 세관에서 면직되었다. 낙망하여 돌아온 그는 아내에게 이 비참한 사실을 알리자 그의 아내는 아무 말 없이 펜과 잉크와 종이를 남편 앞에 갖다 놓으며, "이제는 당신이 마음 놓고 글을 쓸 수 있게 되었어요."라고 말했다. 아내의 격려를 받은 호손은 용기를 얻어 심혈을 기울려 글을 썼다.

호손이 글을 쓰기 위해 집안에 들어앉은 다음부터 집안 형편이 나빠지기 시작했다. 호손의 아내는 호손에게 마음의 짐이 될까봐 아무 말을 하지 않았다. 호손도 어떤 말도 할수가 없었다. 어려운 가정을 꾸려가는 아내에게 미안했기 때문이다. 이런 미안한 마음이 들면 들수록 호손은 더욱 더 글로 빠져 들었다. 자신이 가지고 있는 실력과 영혼을 쏟아내며 글을 써 내려갔다. 그리하여 마침내 「주홍글씨^{Scarlet Letter}」라는 불후의 명작을 탄생시켰다.

주홍글씨를 읽는 사람들은 말을 한다. 너대니얼 호손이 얼마나 위대한 소설가인가를 말이다. 하지만 「주홍글씨」를 쓰기까지 호손의 아내가 얼마나 쓰디쓴 아픔을 겪어야만 했는지를 말하는 사람은 없다. 「주홍글씨」라는 위대한 작품은 호손의 손을 빌어 그의 아내가 쓴 것이나 다름없다. ✝

너대니얼 호손
(Nathaniel Hawthorne, 1804년~1864년)

19세기 미국을 대표하는 소설가. 「주홍글씨」는 엄격한 청교도의 묘사, 죄인의 심리추구, 긴밀한 세부구성 등이 특징이다. 그는 인간의 도덕적, 사회적 생활 속에 감추어진 의식에 관심을 갖고, 인간의 내면세계를 윤리적 관점에서 탁월한 수법으로 묘사했다.

마음의 병을 고치는 의사
- 페스탈로치

서른이 갓 넘은 한 젊은이가 자선학교를 세워 가난한 아이들과 고아들에게 공부를 가르쳤다. 그러던 어느 추운 겨울날, 말썽도 가장 많이 피우고 성격도 거친 한 소년이 없어졌다. 온 동네를 돌아다니며 소년을 애타게 찾는 그를 보고 마을 사람들은 도둑질이나 하고 말썽만 잔뜩 부리는 아이를 찾아서 무엇하느냐며 오히려 혀를 찼다.

그러나 며칠이 지나자 마을 사람들도 하나둘 그를 도와 소년을 찾기 시작했다. 결국 마을의 낡은 창고에서 마른 풀더미에 웅크리고 잠든 소년을 발견했다. 젊은이는 외투를 벗어 소년의 몸에 덮어 주고, 소년을 껴안았다. 그러자 따뜻한 온기를 느낀 소년은 그의 가슴으로 파고들면서 "엄마!"하고 잠꼬대를 하는 것이었다. 그 모습을 지켜보던 마을 사람들에게 젊은이는 작은 목소리로 말했다.

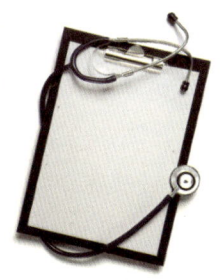

"아버지께서 병으로 돌아가시기 전, 어린 저는 아버지는 의사이면서 왜 아버지의 병은 못 고치냐고 투정을 부렸습니다. 그때 아버지는 '그래, 나는 모든 스위스 사람들의 병을 고쳐 주려고 생각하였단다. 그러나 사람의 몸을 아프게 하는 병보다도 사람의 마음을 괴롭히는 마음의 병을 고치는 사람이 되었더라면 더 좋을 뻔하였다. 아들아, 너는 이 다음에 사람들의 마음의 병을 고쳐 주는 의사가 되어라.'라고 하셨습니다. 이것이 아버지가 말씀하신 마음의 병을 고치는 것인지는 잘 모르겠지만 저는 이 소년의 마음을 사랑으로 고치려고 합니다."

그 뒤 자선학교로 다시 돌아온 소년은 누구보다도 착한 아이가 되었다. 사랑의 힘으로 소년을 구했던 그 젊은이가 바로 훗날 가난한 아이들과 고아의 아버지로 불린 페스탈로치이다. ✝

페스탈로치
(Pestalozzi, Johann Heinrich, 1746년~1827년)

스위스의 교육자이자 사상가이며 어린이의 교육에 있어 조건 없는 사랑을 실천했다. 그는 어린이도 고유의 세계가 있는 인격체라고 주장하였는데, 이것은 어린이들의 개성을 무시하던 당시의 교육관과 배치되는 것이었다.

사랑하는 이에게 미소를 지으세요
- 테레사 수녀

테레사 수녀는 사람들에게 종종 예기치 않은 조언을 들려주곤 했다. 한번은 교사 직업을 가진 미국인들이 캘커타로 테레사 수녀를 방문했을 때, 그들은 그녀에게 가족을 위한 몇 가지 조언을 들려달라고 부탁했다.

테레사 수녀는 그들에게 말했다. "여러분들의 아내에게 미소를 지으세요. 여러분들의 남편에게도 미소를 지으세요?"

그 조언이 너무도 단순하다고 느낀 사람이 테레사 수녀에게 물었다. "수녀님도 결혼을 하셨나요?"

그러자 테레사 수녀는 다음과 같이 대답했다.

"물론입니다. 나도 결혼을 했지요. 그리고 나 역시 예수님께 미소를 짓는 것이 때로는 무척 어렵다는 걸 잘 압니다. 왜냐하면 그분은 너무 많은 것을 요구하니까요."†

테레사 수녀
(Mother Teresa, 1910년~1997년)

알바니아계의 로마 가톨릭 수녀로, 1950년 인도 콜카타에서 〈사랑의 선교회〉를 설립하였다. 이후 45년간 〈사랑의 선교회〉를 통해 빈민과 병자, 고아, 그리고 죽어가는 이들을 위해 인도와 다른 나라에서 헌신하였다. 1979년 노벨 평화상을 수상하였고, 1980년 인도의 가장 높은 시민 훈장인 바라트 라트나(Bharat Ratna)를 수여했다.

아내가 없으면 철학도 없습니다
- 카를 야스퍼스

　　　독일의 철학자인 야스퍼스는 하이델베르크대학을 다
닐 때 아내인 게르투르트 마이어를 만났다. 그야말로 운명의
끈으로 묶인 듯, 두 사람은 첫눈에 끌려 결혼했다. 얼마 뒤 야
스퍼스는 모교에서 철학과 심리학을 가르치는 교수가 되었다.
철학의 싹을 다듬는데 몰두한 야스퍼스와 그를 지켜보는 아내
게르투르트에게는 행복한 나날이 계속되는 듯하였다.

　　　그러나 1933년 나치가 정권을 잡으면서 두 사람에게
시련이 닥치기 시작했다. 게르투르트가 유태인이었기 때문이
었다. 야스퍼스는 아내와 대학 교수 중 하나를 선택하라는 나
치의 명령을 받았다. 영광스러운 독일의 대학에서 일하고 싶
으면 이혼하라는 것이었다. 그때 야스퍼스는 단호하게 말했
다. "아내는 제 철학의 모든 것입니다. 아내 없이는 제 철학도
없습니다."

하지만 시련은 거기에서 끝나지 않았다. 독일에서 강의나 저작활동이 금지되었고 여행도 자유롭게 할 수 없게 된 것이다. 이쯤 되자 야스퍼스도 다른 나라로 망명

할 결심을 했다. 친구들의 도움으로 어렵게 스위스 여행을 허락 받았지만 나치는 게르투르트가 독일에 남아 있어야 한다는 조건을 달았다.

야스퍼스는 망명마저 포기하면서까지 아내와 함께 남기로 결심했다. 이때부터 나치 독일이 항복할 때까지 8년의 세월 동안 야스퍼스는 언제 비밀경찰이 아내를 데리러올지, 또 언제 수용소로 끌려갈지 몰랐기 때문에 계단의 구두 소리 하나에도 온 신경을 집중하며 아내 곁에 그림자처럼 붙어 있었다.

다행스럽게도 그녀는 화禍를 피할 수 있었다. 야스퍼스의 아내라는 점이 비밀경찰의 연행을 막았다. 만약 두 번이나 있었던 양자택일의 그 시기에 아내를 버렸더라면, 그는 사랑하는 아내도, 철학도 잃었을 것이다. ✝

원자폭탄보다 강한 것은 평화라는 무기

- 율리어스 로버트 오펜하이머

원자폭탄이 처음 제조되어 세상에 알려졌을 때 사람들은 원자폭탄의 엄청난 힘과 파괴력에 놀랐다. 한 번 투하될 경우 한꺼번에 수많은 사람들의 목숨을 앗아가고 그 후유증 또한 심각해서 살아남은 사람에게까지 지독한 고통을 짊어지게 하는 원자폭탄은 두려움의 대상이 되었다.

어느 해 미국에서 비밀회의가 극비리에 열렸다. 원자폭탄 제조를 감독한 오펜하이머 박사를 비롯하여 국방성의 고위급 관리들이 참석한 이 회의는 더욱 강한 원자폭탄을 연구하기 위한 것이었다. 오펜하이머 박사에게 수많은 질문이 던져졌다. 그때 한 고위관리가 오펜하이머 박사에게 이렇게 물었다.

Make Peace
Not War

"원자폭탄보다 더 강한 무기가 있습니까? 또 만약 적들이 원자폭탄으로 공격해 올 경우 그것을 막아 낼 방어무기는 없습니까?"

　　질문을 받은 오펜하이머 박사는 얼굴에 미소를 띄우며 자신 있게 대답했다. "원자폭탄보다 강한 무기는 현대의 기술로는 만들 수 없습니다. 그러나 원자폭탄을 막아낼 수 있는 무기는 있습니다."

　　그러자 회의장에 모인 사람들이 깜짝 놀라며 그것이 무엇이냐고 물었다. "그것은 이 세상에 하나 뿐인 무기, 바로 '평화'라는 무기입니다." ✝

율리어스 로버트 오펜하이머
(Julius Robert Oppenheimer, 1904년~1967년)

미국의 물리학자, 세계 최초로 원자폭탄을 제조했다. 뉴욕에서 부유한 유태계 사업가의 아들로 태어나 하버드대학을 졸업한 후 유럽에 유학했다. 양자역학(量子力學)의 중심지였던 괴팅겐대학에서 원자 · 분자의 양자역학을 연구했다.

농부의 헌신적인 사랑
- 홀트

미국 오래곤 주 유게네라는 마을에서 있었던 이야기이다. 어느 날 그 마을 신문에 영화를 상영한다는 광고가 났다. 그렇게 많은 사람이 모이지는 않았지만 서로 아는 사람들이라 즐거운 인사를 나누었다. 그중에 한 농부 부부도 참석했다. 영화는 한국전쟁 과정에서 생긴 고아들의 실상을 보여주고 그러한 고아들을 돌볼 수 있는 손길을 찾는다는 내용이었다.

영화가 끝나자 참석했던 농부 부부는 집으로 돌아가면서, '우리 같은 가난한 농부가 무엇을 할 수 있겠어.' 하는 자탄을 하면서 모든 것을 잊어버렸다. 그러나 날이 갈수록 그날의 영화 장면들이 선명하게 떠올랐다. 부부는 이윽고 농장의 일부를 팔고 직접 한국에 가서 8명의 고아들을 양자로 데려왔다.

이 사실이 마을 신문에 사진과 함께 기사로 나가자 여러 곳에서 그들을 돕겠다는 편지가 왔고, 어떤 가정에서는 고아를 양자로 삼겠다는 연락이 왔다.

　　그 후 그 부부는 6만 6천여 명의 전쟁고아를 각 가정에 맺어주게 되었다. 이 농부가 홀트 아동복지재단을 세운 해리 홀트 씨다. ✝

홀트
(Harry Holt, 1905년~1964년)

미국의 사회사업가이다. 오레곤 주(州)에서 농장을 경영하다가 1950년 심장마비로 죽음 직전까지 이르렀으나, 회복된 후 하느님 은혜에 보답하는 인생을 살기로 결심하였다. 그러던 차에 한국전쟁으로 고통 받는 전쟁 고아 8명을 입양하여 양육시켜 사회사업가 · 의사 · 교수 등으로 성장시켰다. 우리나라 정부에서는 40년 동안 6만 6000여 명을 해외입양시킨 공로를 인정하여, 그의 부인 버다 홀트 여사에게 국민훈장 무궁화장을 수여하였다.

벗겨진 신발 한 짝
- 마하트마 간디

간디는 막 출발하려는 기차에 올라탔다. 그 순간 신발 한 짝이 벗겨져 플랫폼 바닥에 떨어졌다. 기차가 이미 움직이고 있었기 때문에 간디는 신발을 주울 수 없었다. 그러자 간디는 얼른 나머지 신발 한 짝을 벗어 그 옆에 떨어뜨렸다.

함께 동행 하던 사람들은 간디의 그런 행동에 놀라지 않을 수 없었다. 이유를 묻는 한 승객의 질문에 간디는 미소를 지으며 말했다.

"어떤 가난한 사람이 바닥에 떨어진 신발 한 짝을 주웠다고 상상해 보십시오. 그에게는 그것이 아무런 쓸모가 없을 것입니다. 하지만 이제는 나머지 한 짝마저 갖게 되지 않았습니까?"

이 세상은 아름다운 생각과 마음을 가진 사람으로 인해 더욱 아름다워진다. ✝

마하트마 간디
(Mahatma Gandhi, 1869년~1948년)

인도의 정신적·정치적 지도자로 독립운동가, 법률가, 정치가였다. 인도의 영국 식민지 기간(1859~1948) 중에 인도 독립운동을 지도하였다. 영국의 제국주의에 맞서 반영 인디아 독립운동과 무저항 비폭력 운동을 전개해 나갔다. 간디는 노벨 평화상 수상자 후보 물망에 4번이나 올랐지만 끝내 수상하지 못하였다.

오빠는 초능력자
- 조지프 위테너

미국의 유명한 전도사 조지프 위테너가 대학을 다닐 때의 일이다. 그녀는 가정형편이 어려워 늘 아르바이트로 학비를 벌어야 했다. 멀리 떨어진 곳에서 대학을 다니는 오빠가 하나 있었지만 자주 연락할 수도 만날 수도 없어서 서로의 형편에 대해 거의 모르고 지냈다.

학기가 끝날 무렵 위테너는 일자리를 잃어 기숙사비마저 못 내고 나와야 할 형편이 되었다. 그때 편지 한 통이 왔는데 편지 안에는 놀랍게도 수표가 들어 있었다.

"보낸 돈 보람 있게 쓰기 바란다. 오빠로부터."

그 뒤로도 위테너는 빵을 살 돈이 없어 배를 곯기도 하고 학비를 제대로 못내 당황하기도 했다. 그때마다 오빠가 조금씩 돈을 보내와 위기를 넘기곤 했다. 이런 일이 자주 반복되자 위테너는 후에 오빠에게 물었다.

"오빠는 어떻게 내 어려움을 알고 돈을 보냈어요? 우연은 아닌 것 같은데 내가 어렵다는 걸 어떻게 알아냈죠? 혹시 누구 연락해주는 사람이라도 있었나요?"

"그냥 네 생각이 날 때마다 돈을 보냈는데 우연히 그 시기가 맞아 떨어졌나 보구나. 실은 내가 굉장히 어려울 때마다 너를 생각했다. 내 처지가 이렇게 어려우면 내 동생도 어렵겠구나 하고 말야. 내가 돈에 쫓길 때마다 너에게 돈을 조금이라도 보내려고 했던 것뿐이야." ✝

아름다운 프러포즈
- 모세 멘델스존

작곡가 멘델스존의 할아버지인 모세 멘델스존은 곱
사등이로 키가 남달리 작았고 얼굴도 잘생긴 것과는 너무나
거리가 먼 사람이었다.

어느 날 그가 함부르크에 있는 한 상인의 집을 방문
했다가 프룸체라는 아름다운 여인을 알게 되었다. 모세는 그
녀를 보는 순간 사랑에 빠졌는데, 그것은 차라리 절망적인 사
랑이라고 해야 좋을지 모를 그런 사랑이었다. 대부분의 사람
이 그러했듯이 프룸체 역시 그의 기형적인 모습에 눈길 한번
주지 않았으니 말이다.

집으로 돌아가야 할 시간이 되었을 때, 모세는 용기
를 내어 프룸체에게 접근해 대화를 시도했다. 그녀는 너무나
아름다웠고, 자신에게 눈길조차 주지 않은 그녀에게 모세는

더욱더 깊은 비애만 느낄 수밖에 없었다. 모세는 마침내 부끄러움을 무릅쓰고 마지막 대화를 시도했다. "당신은 결혼이라는 것을 하늘에서 맺어준다고 믿나요?"

　　프룸체는 여전히 창 밖으로 고개를 돌린 채 차갑게 대답했다. "그래요. 그러는 당신도 그것을 믿나요?"

　　모세가 대답했다. "예! 믿습니다! 내가 태어났을 때에도 신이 찾아와 내 신부를 알려주었습니다. 그런데 신은 이런 말씀을 한마디 더 하셨습니다. '하지만 그대의 아내는 곱사등이일 것이다.' 나는 그때 그 자리에서 필사적으로 소리쳤답니다. '안 됩니다! 신이시여! 여인이 곱사등이가 되는 것은 비극입니다. 차라리 저를 곱사등이로 만드시고 신부에게는 아름다움을 주십시오!' 이렇게 해서 나는 곱사등이로 태어나게 되었던 것입니다."

　　이 말을 듣자 프룸체는 고개를 돌려 모세의 눈을 정면으로 바라보았다. 그리고는 살며시 다가와 모세의 손을 잡으며 조용히 웃었다. 훗날 그녀는 모세의 헌신적인 아내가 되었다. ✝

죽음마저 함께한 형제의 사랑
- 빈센트 반 고흐와 테오

　　　빈센트와 그의 동생 테오의 묘는 나란히 있다. 부부의 묘가 나란히 놓여 있는 것은 흔히 볼 수 있지만, 형제의 묘가 나란히 놓여 있는 것을 보기는 쉽지 않다. 이 형제의 묘는 살아있는 동안 이들이 나누었을 형제애가 어떠했는지를 잘 보여주는 것이다.

　　　빈센트의 그림은 너무 독특해서 아무도 그의 그림을 인정해 주지 않았다. 하지만 동생 테오만은 형의 재능을 이해해 주었다. 그뿐만 아니라 테오는 화방에서 일해 번 돈으로 형이 그림을 그릴 수 있도록 생활비를 대 주었고, 형이 아플 때면 모든 일을 제쳐놓고 달려와 형을 돌보았다.

　　　테오가 이렇듯 형에게 헌신적인 사랑을 베푼 이유는 형에게서 맑고 순수한 영혼을 발견할 수 있었기 때문이다. 자신은 예술가의 그림을 파는 장사꾼에 지나지 않지만, 형은 예술을 하는 사람이라고 믿었다. 테오가 형을 얼마나 존경했는지는 자기 아들의 이름을 빈센트라고 지은 데서도 잘 알 수 있다.

형을 위해 헌신적인 삶을 살았던 테오는 형이 37세의 나이로 세상을 떠난 뒤, 형의 작품을 전시하고 세상에 알리는 일을 하다 여섯 달 만에 형의 뒤를 따라 세상을 떠나게 된다. 삶을 함께했던 형제는 죽음마저 함께한 것이다. †

빈센트 반 고흐
(Vincent van Gogh, 1853년~1890년)

네덜란드의 화가. 강렬한 색채와 격렬한 필치의 작품을 선보였다. 고흐는 정신장애로 인한 고통을 소용돌이와 원색의 노란색으로 표현하여 〈별이 빛나는 밤〉, 〈해바라기〉 등의 걸작들을 그렸다. 고흐의 그림 속에는 정신적인 고통과 이를 극복하고자 한 의지가 담겨 있다.

제 손을 잡아 주세요
- 에이브러햄 링컨

　　미국 남북전쟁이 한창일 때 에이브러햄 링컨은 부상
당한 병사들이 입원해 있는 병원을 가끔 방문했다. 한 번은 의
사들이 심한 부상을 입고 거의 죽음 직전에 있던 한 젊은 병사
에게 링컨을 안내했다. 링컨은 침상 곁으로 다가가서 물었다.
"내가 당신을 위해 할 수 있는 일이 뭐 없겠소?"

　　병사는 링컨을 알아보지 못하는 게 분명했다. 그는
간신히 이렇게 속삭였다. "저의 어머니에게 편지 한 통만 써
주시겠어요?"

　　펜과 종이가 준비되었다. 대통령은 정성스럽게 젊은
이가 말하는 내용을 적어 내려갔다.

"보고 싶은 어머니, 저는 저의 의무를 다하던 중에 심한 부상을 당했습니다. 아무래도 회복되지 못할 것 같군요. 제가 먼저 떠나더라도 저 때문에 너무 슬퍼하지 마세요. 존과 메리에게도 저 대신 입 맞춰 주시구요. 신께서 어머니와 아버지를 축복해 주시기를 빌겠어요."

병사는 기력이 없어서 더 이상 얘기를 계속할 수가 없었다. 그래서 링컨은 젊은이 대신 편지 말미에 서명을 하고 이렇게 덧붙였다. "당신의 아들을 위해 에이브러햄 링컨이 이 편지를 대필했습니다."

젊은 병사는 그 편지를 자기에게 보여 달라고 부탁했다. 그는 마침내 편지를 대신 써 준 사람이 누구인지를 알고는 깜짝 놀랐다. 병사가 물었다. "당신이 정말로 대통령이신가요?"

링컨이 대답했다. "그렇소. 내가 대통령이오."

그런 다음 링컨은 자신이 할 수 있는 다른 일이 없는지를 그에게 물었다. 병사가 말했다. "제 손을 잡아 주시겠습니까? 그렇게 하면 편안히 떠날 수 있을 것 같습니다."

　　조용한 실내에서, 키가 크고 수척한 링컨 대통령은 청년의 손을 잡고 그가 숨을 거둘 때까지 그에게 따뜻한 용기의 말들을 나지막이 들려주었다. ✝

눈에 비친 친절과 자비
- 토마스 제퍼슨

어느 몹시 추운 저녁에 한 노인이 강을 건너가기 위해 기다리고 있었다. 강은 무릎 정도의 깊이였지만 군데군데 얼어 있어서 함부로 건널 수가 없었다. 혹독한 추위 때문에 노인의 수염이 고드름처럼 얼어서 반짝였다. 춥고 지루한 기다림이 계속되었다. 살을 에는 듯한 북풍한설 속에서 노인의 몸은 점점 뻣뻣하게 얼어갔다.

그때 노인은 얼어붙은 길을 질주해 오는 흐릿한 말발굽 소리를 들었다. 말을 얻어 타면 쉽게 강을 건널 수 있을 것 같았다. 노인은 초조해 하며 몇 명의 신사들이 말을 타고 모퉁이를 돌아오는 것을 지켜보았다.

하지만, 첫 번째 사람이 앞을 지나가는 데도 노인은 도움을 청하려고 하지 않았다. 두 번째 사람이 지나갔고, 이어서 세 번째 사람이 지나갔다. 노인은 계속해서 가만히 서 있기만 했다. 마침내 마지막 사람이 눈사람처럼 서 있는 노인 앞으로 말을 타고 다가왔다. 이 신사가 가까이 오자 노인은 그의 눈을 바라보며 말했다. "선생님, 이 노인을 강 건너까지 태워다 주시겠습니까? 걸어서는 건너갈 수가 없군요."

그 신사는 노인의 몸이 얼어서 제대로 움직이지 못한다는 걸 알고 말에서 내려 노인이 말에 올라타는 것을 도와주었다. 그리고 그 사람은 노인을 강 건너로 데려다 주었을 뿐 아니라 몇 킬로미터 떨어진 노인이 가고자 하는 목적지까지 태워다 주었다. 작고 안락한 노인의 오두막에 도착했을 때 말에 탄 신사가 호기심에 차서 물었다.

"노인장, 당신은 다른 사람들이 말을 타고 지나갈 때는 아무런 부탁을 하지 않았습니다. 그런데 내가 가까이 가자 얼른 태워 달라고 부탁했습니다. 그것이 무척 궁금하군요."

노인은 그 사람의 눈을 똑바로 쳐다보며 말했다. "나는 이 지방에서 오랫동안 살았습니다. 그래서 나는 사람들을 잘 안다고 믿고 있지요."

노인은 계속해서 말했다. "나는 말을 타고 오는 다른 사람들의 눈을 보았습니다. 그리고 그들이 내 처지에 아무런 관심이 없음을 알았습니다. 하지만 당신의 눈을 보았을 때 나는 그곳에서 친절과 자비를 분명히 보았습니다. 그때 나는 알았습니다. 당신의 따뜻한 마음이 곤경에 처한 나를 도와주리라는 걸 말입니다."

그 신사는 노인의 말에 깊은 감동을 받았다. 그는 노인에게 말했다. "당신이 해 주신 얘기에 깊이 감사를 드립니다. 앞으로도 내 자신의 생각에 열중하느라 다른 사람들의 불행한 처지를 망각하는 그런 잘못을 저지르지 않도록 하겠습니다."

그 말을 마치고 미국 제3대 대통령인 토마스 제퍼슨은 말을 몰고 백악관으로 갔다. †

토마스 제퍼슨
(Thomas Jefferson, 1743년~1826년)

제퍼슨은 영향력 있는 건국의 아버지이며, 미국 공화주의의 이상을 논파하기도 하였다. 폭넓은 지식과 교양, 재능으로 그는 줄곧 벤저민 프랭클린과 더불어 18세기 미국의 최고의 르네상스형 인간으로 평가되기도 한다.

할아버지가 우는 걸 도왔을 뿐이에요
- 레오 버스카글리아

미국의 작가이자 유명한 연사인 레오 버스카글리아가 어떤 대회에서 심사를 맡았다. 그 대회는 남을 가장 잘 생각할 줄 아는 아이를 뽑는 대회였다. 레오 버스카글리아가 뽑은 우승자는 일곱 살의 어린아이였다.

그 아이의 옆집에는 최근에 아내를 잃은 나이 먹은 노인이 살고 있었다. 그 노인이 우는 것을 보고 어린 소년은 노인이 사는 집 마당으로 걸어갔다. 그리고는 노인의 무릎에 앉아 있었다. 엄마가 나중에 아이에게 이웃집 노인께 무슨 위로의 말을 했느냐고 묻자 어린아이는 이렇게 말했다.

"아무것도 하지 않았어요. 다만 그 할아버지가 우는 걸 도와드렸어요." ‡

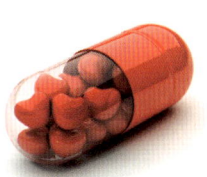

레오 버스카글리아
(Leo Battaglia, 1924년~1998년)

로스엔젤레스의 이민 가정에서 태어나 남캘리포니아대학에서 20여 년 동안 교육학 교수로 재직했다. 학생이 자살하는 사건이 계기가 되어 교직을 그만두고 '러브 클래스'라는 사회 교육기관을 열었다. 이후 '닥터 러브'라는 애칭을 얻으며 자아실현과 사랑의 실천법 등을 전하는 인사로 유명해졌다. 「살며 사랑하며 배우며」, 「아버지라는 이름의 큰 나무」, 「서로 사랑한다는 것은」 등의 저서를 남겼다.

제제의 사랑
- 바스콘셀로스

브라질 국민 작가 바스콘셀로스의 「나의 라임 오렌지 나무」에 나오는 제제라는 주인공의 얘기다.

제제는 너무 가난해서 먹을 것도 제대로 못 먹고 자랐다. 그래서 키가 무척 작았다. 학교에 들어갔지만 도시락 한 번 싸 가는 일도 없었다. 담임선생님은 이 불쌍한 소년에게 가끔 동전을 주었다.

제제는 선생님이 돈을 주셔도 받으려고 하지 않았다. 애써 그것을 피하려고 했고 선생님이 부르시면 도망을 치기도 했다. 그러나 아주 가끔씩은 선생님이 주시는 돈을 거절하지 않고 말없이 받기도 했다.

선생님은 그 이유를 곧 알게 되었다. 자기 반에는 자신보다 더 가난한 아이가 있었기 때문이었다. 그리고 선생님은 제제라는 소년이 자기가 돈을 줄 때마다 빵을 사서 그 가난한 아이와 함께 나눠먹고 있었다는 것도 알게 되었다. 그 아이는 제제보다 더 작고 더 가난하고 아무도 놀아주지 않는 아주 새까만 흑인 아이였다. 그래서 제제는 배가 고픈데도 불구하고 자기보다 더 가난한 그 아이에게 빵을 나눠주었다. 그리고 함께 놀아 주었다. †

조제 마우로 데 바스콘셀로스
(Jos Vasconcelos, 1920년~)

작가로서의 큰 성공을 가져다 준 작품인 『나의 라임 오렌지 나무』는 1968년 간행 당시 유례없는 판매기록을 세웠으며 영화화되었다. 감수성이 예민한 다섯 살 소년 '제제'를 통해 사랑의 문제, 인간 비극의 원초적인 조건, 인간과 사물 또는 자연의 교감, 어른과 아이의 우정 등을 잔잔한 어조로 이야기하고 있다.

숨겨 둔 선물
- 요하네스 브람스

요하네스 브람스의 아버지는 호른과 더블베이스를 연주하는 유랑 악사였다. 넉넉하지 않은 형편에도 어린 아들에게 처음으로 피아노를 가르쳐 주었고, 훌륭한 작곡가가 되기 위한 발판을 마련해 주었다. 그리고 아버지는 브람스가 세상에 널리 알려진 뒤에도 자신이 직접 연주해서 번 돈으로 생활했다.

그러나 아버지의 형편은 예전보다 특별히 나아진 것이 없었다. 브람스는 아버지께 몇 번이나 용돈을 드리려고 했지만, 자존심이 강한 아버지는 좀처럼 받지 않으셨다. 연주를 위해 세계 곳곳을 여행하던 브람스는 오랜만에 아버지를 찾아갔다. 음악에 대해 이런저런 이야기를 나누던 끝에 브람스는 조심스럽게 말을 꺼냈다.

"아버지, 아버지께서 기운이 없거나, 급한 일이 생기실 때, 또는 아버지께 용기를 불어넣어 줄 무언가가 필요하다고 느끼실 땐 저기 책장에 꽂혀 있는 헨델의 '사울'이란 악보를 펼쳐 보십시오. 아버지께서 필요로 하는 것을 꼭 찾으실 수 있을 겁니다."

　얼마 후, 브람스의 아버지에게 여러 가지 어려운 일이 생겼다. 아버지는 혼자서 끙끙 앓다가 예전에 아들이 했던 말을 기억해 내고, 책장에서 낡은 악보를 찾아 펼쳐 보았다. 과연 악보 속에는 아들이 말한 대로 그가 필요로 하는 것이 가득 들어 있었다.

　아버지는 책장을 넘기며 아들의 세심한 배려에 흐뭇한 미소를 지었다. 브람스는 아버지를 위해 책갈피마다 지폐를 정성스럽게 끼워 놓았던 것이다. ✝

요하네스 브람스
(Johannes Brahms, 1833년~1897년)

독일의 작곡가. 그의 작품 독일음악의 전통을 존중하며 견고한 구성감을 보이고 풍부하고 다양한 감정을 내포하고 있다. 주요 작품으로는 〈독일 레퀴엠〉, 〈알토 랩소디〉, 〈대학 축전 서곡〉, 〈승리의 노래〉, 〈11의 코랄 전주곡〉 등이 있다.

베토벤의 집
- 하쎌바하

독일의 본에 있는 '베토벤의 집'에는 매년 많은 관광객들이 베토벤의 체취를 느끼기 위해 찾아온다. 음악의 대천재가 태어나 22년간의 성장기를 보낸 이 박물관은 아직도 본래의 모습을 유지하고 있다. 그러나 이 박물관이 그렇게 쉽게 지켜진 것은 아니었다.

1944년 본 시가지의 하늘은 연합군의 폭격기들로 까맣게 뒤덮였다. 하쎌바하와 그의 아내 안나는 사람들을 따라 간신히 방공호로 피신했다. 지축이 흔들리는 폭격 소리와 사람들의 비명 소리가 교차되었지만 하쎌바하는 베토벤의 집이 걱정이 되어 견딜 수 없었다.

주위 사람들의 만류에도 불구하고 베토벤의 집으로 달려가 보니 이미 그곳에는 불꽃이 일어나고 있었다. 하쎌바하는 정신없이 불을 끄기 시작했다. 그의 아내도 물을 날라 주었다. 아홉 시간 동안 지하실로부터 위층으로 물통을 나르며 불을 끄고 나니 심한 현기증이 일어났다.

하쎌바하는 다시 힘을 내 베토벤의 유품을 옮겼다. 책에서부터 가구까지, 젖 먹던 힘을 다해 짐을 날랐다. 그리고 베토벤의 유품들이 홀부르크성의 지하 보관실에 무사히 보관되는 것을 확인한 후 그 자리에 쓰러지고 말았다.

그리고 전쟁이 끝날 무렵에는 미군들에게 이 집을 내줄 수 없으니 폭파하겠다고 으름장을 놓는 독일군에게 끝까지 맞서 베토벤의 집을 지켜냈다.

"베토벤이 나를 필요로 하는 것 같아 떠날 수가 없었습니다. 난 그분의 충실한 하인이었습니다. 그리고 내가 살아 있는 날까지 그럴 것입니다."

하쎌바하는 서독정부로부터 훈장을 받았다. ✝

한 생명을 구한 자가 온 세계를 구한 것이다
- 쉰들러 리스트

〈쉰들러 리스트〉라는 영화를 본 사람은 잘 아는 이야기다. 사업가 쉰들러는 유태인들의 약점을 이용하여 막대한 재산을 모으게 되었다. 하지만 그는 수용소 내의 유태인들이 무자비하게 학살당하는 장면을 목격하고 그 이후로 유태인들을 그의 공장으로 끌어들일 계획을 세웠다. 명분은 공장의 인부로 고용하는 것이었지만 실제로는 그들을 보호하고자 하는 목적이었다. 마침내 수용소와 협상하여 한 명당 가격을 정하고 1,200명을 인수했다.

쉰들러는 공장을 운영하며 여러 번 파산 위기를 맞기도 했다. 하지만 공장의 파산은 곧 유태인들의 죽음을 의미하는 것이었기 때문에 쉰들러는 악착같이 공장을 유지시켰다. 다행히 독일이 항복함으로써 위기를 모면하고 유태인들은 목

숨을 보존할 수 있게 되었다. 하지만 기쁨도 잠시 지난날들에 대한 아쉬움과 회한의 감정이 폭발한 듯 쉰들러는 소리치며 절규했다.

"나에게 돈이 좀 더 많았더라면 더 많은 생명을 구할 수 있었을 텐데……. 내 차를 팔았더라면 열 명은 더 구할 수 있었을 텐데……. 내 반지를 팔았더라면 두 명은 더……."

하지만 유태인들은 다음과 같은 말로써 쉰들러에게 감사와 위로의 뜻을 표했다. "한 생명을 구한 자가 온 세계를 구한 것이다."✝

쉰들러 리스트
(Schindler's List, 1993)

1940년 전후 독일 점령지인 폴란드, 쉰들러는 나치가 압수해 소유권을 갖고 있던 그릇 공장을 헐값에 인수해 인건비를 지불하지 않아도 되는 유태인들을 고용, 막대한 부를 축적한다. 하지만 그는 점점 포악해지는 나치의 잔학상을 목격하고 박해받는 유태인들을 구하기로 마음먹고 가스 처형실로 보내질 운명에 처한 1,000여 명이 넘는 유태인을 안전지대로 피신시킨다. 이 영화는 제66회(1994년) 아카데미 시상식에서 작품상을 비롯해 감독, 각색, 촬영, 편집, 작곡, 미술상 등 7개 부문을 수상했다.

사랑은 사람을 움직인다
- 슈바이처 부부

실력 있는 오르간 연주자이자 신학 교수였던 슈바이처는 여행 중에 우연히 벌거벗은 흑인상을 보고서 남은 생애를 밀림의 불쌍한 원주민들을 위해 살겠다고 결심했다. 그래서 그는 주변 사람들의 충고를 듣지 않고 의과대학에 입학했다. 5년 뒤 의사가 된 그가 헬레네와 사랑에 빠지자 주변 사람들은 그 동안 계획해왔던 아프리카 행을 포기할 것이라고 생각하며 안도의 한숨을 내쉬었다.

마침내 슈바이처는 사랑하는 헬레네와 자신의 결심 앞에서 고민하기 시작했다. 슈바이처가 자신 때문에 고심하고 있다는 사실을 알게 된 헬레네가 어느 날 그를 찾아왔다. 슈바이처는 헬레네를 한동안 바라보다가 결심이 선 듯 단호하게 말했다.

"난 누구보다도 당신을 사랑하지만 오랫동안 계획해 왔던 아프리카 원주민들을 돕는 의사의 꿈을 버릴 수 없소. 당신의 남은 생애를 밀림 속에서 나와 함께할 수 있겠소? 만일 당신이 나의 청혼을 받아들이지 않는다 해도 난 당신을 원망하지 않을 거요."

헬레네는 슈바이처의 얼굴을 물끄러미 바라보았다. 그의 핼쑥해진 모습은 그동안 그가 얼마나 많은 고민을 했는지를 보여주고 있었다. 헬레네는 사랑하는 슈바이처의 얼굴을 바라보며 생긋 웃었다. 그리고 그의 손을 맞잡으며 이렇게 말했다.

"그 동안 왜 혼자서만 그렇게 많은 고민을 하셨나요. 저도 정식으로 간호 교육을 받은 사람이에요. 간호사인 저 없이 당신 혼자 그 일을 모두 해낼 수 있다고 생각하셨나요?"

헬레네는 아프리카의 원주민들을 위한 간호사이자 슈바이처의 아내로서 평생을 함께 살았다. ✝

물 한 모금의 사랑
- 미국 남북전쟁

미국 남북전쟁 때 후레더릭스벅 전투에서 있었던 일이다. 후레더릭스벅 지역은 작은 땅이었지만 남군과 북군 모두 중요한 전략적 위치로 양쪽은 그 땅을 차지하기 위해 서로 한 치의 양보도 하지 않았다.

그러는 동안 남군 북군 할 것 없이 사망자의 수는 급격히 늘어만 갔다. 부상자들의 신음소리는 점점 커져갔고 그들은 모두 '물을 달라.'고 외쳐댔다. 이를 보다 못한 북군의 한 병사가 대위를 찾아가 말했다. "대위님, 저들에게 물을 먹이게 해 주십시오. 저들의 마지막 소원을 들어주십시오."

그러나 대위는 단호히 거절했다. 상황이 너무 급박하게 돌아가는 데다 빗발치는 총알 속으로 뛰어 들었다가는 그

자리에서 목숨을 잃을 것이 분명했기 때문
이었다.

"대위님, 제발 허락해 주십시오. 저들은 모두 저의
친구들입니다. 총소리는 요란하지만 물을 달라는 소리는 너무
나 똑똑하게 들립니다."

이제 병사는 무릎을 꿇고 대위에게 매달렸다. 대위는
할 수 없이 허락했다. 병사는 대위의 허락이 떨어지자마자 물
한 동이를 떠서 총알이 빗발치는 곳으로 한 걸음 내딛었다. 총
알은 병사의 곁을 쌩쌩 스쳐 지나갔지만 병사는 이에 아랑곳
하지 않고 물을 달라고 외치는 병사들에게로 다가가 물을 먹
이기 시작했다. 적군이고 아군이고 가리지 않고 그는 물을 먹
여 주었다. 죽어가던 병사들은 그 물을 받아먹고 감사의 눈물
을 흘렸다.

병사를 향해 일제히 총을 쏘아대던 남군은 북군의 병
사가 하는 일을 알아내고 곧 사격을 멈추었다. 이제 더 이상
총소리는 울리지 않았다. 병사가 죽어 가는 이들에게 한 모금
의 물을 먹여주며 마지막 위로의 말을 속삭여 주는 두 시간여
동안 휴전이 되었다. ✝

선생님이 함께 있자나
- 코르작

예루살렘에 가면 야드 바셈^{Yad Vashem}이라는 박물관이 있다. 야드 바셈은 '이름을 기억하라.'라는 뜻을 가진 히브리어이다.

"유대인이라면 히틀러 시절 6백만 명에 달하는 유대인의 학살을 절대로 잊지 말고 영원히 기억하자.^{Forgive but remember}"는 의미에서 1945년을 기점으로 과거와 현재와 미래의 역사를 정리해 놓은 유대인 학살 기념박물관이다.

내부를 관람하다가 벗어나면 바깥에 동산이 하나 있다. 거기에는 어린아이의 희생을 기념하는 기념탑이 높이 서 있고, 그 뒤 언덕 기슭에 한 어른이 어린 학생 10여 명을 끌어안고 있는 동상이 보인다. 그 동상의 이름은 '코르작과 게토의 어린이들'이다.

독일 나치가 폴란드에 사는 유대인들을 학살하기 위해서 어느 유대인 학교를 급습했다. 교실에서 공부하고 있던 유대인 아이들은 나치군이 나타나자 겁에 질려 부들부들 떨고 있었다. 평상시 독일 나치에 의해 학살당하는 장면을 수없이 듣고 보  았던 어린 학생들이 어찌 나치군을 보고 태연했겠는가? 무서워서 어쩔 줄 모르는 학생들을 양팔로 감싸며 코르작 선생님은 말했다. "애들아, 무섭니? 괜찮아. 선생님이 함께 있잖아."

그러면서 선생님은 학생들과 같이 트럭에 올랐다. 그리고 수용소로 끌려갔다. 마침내 학생들과 함께 가스실로 들어갔다. 가스실에서도 코르작 선생님은 "애들아, 괜찮아, 괜찮아,"하면서 학생들을 꼭 끌어안고 죽어갔다.

코르작 선생님은 용기 있는 폴란드인이었다. ✝

드러내지 않은 진정한 우정
- 루소

　　프랑스의 화가 밀레는 아름
다운 전원과 농부들을 그렸지만 당
시에는 그를 알아주는 사람이 거의
없었다. 밀레는 화려한 거실에 걸리
는 그림이 아닌 살아 있는 그림을 그
리고자 했다. 이러한 밀레의 마음을 이해해주는 사람은 친구
인 철학자 루소와 아내뿐이었다.

　　밀레가 〈접목을 하고 있는 농부〉를 그리고 있을 때였
다. 그림 한 점 팔지 못한 밀레는 불기 없는 냉방에서 그림을
그렸고, 아내와 아이들은 며칠째 굶고 있었다. 식량과 땔감이
떨어진 것이다. 그림을 완성한 밀레가 기쁜 얼굴로 가족들을
돌아보았지만 아내와 아이들은 헬쑥한 얼굴로 웃고 있었다.

밀레가 주섬주섬 옷을 입고 있는데 친구인 루소가 찾아왔다. "내가 기쁜 소식을 가져왔네. 드디어 자네 그림을 이해하고 사겠다는 사람이 나타났단 말일세. 그런데 그 사람이 나에게 돈을 주며 대신 그림을 골라 오라고 부탁했네. 자, 여기 돈 받게나."

루소는 두툼한 지폐 뭉치를 밀레의 손에 쥐어주며 말했다. 그리고 밀레가 막 끝낸 〈접목을 하고 있는 농부〉를 들고 돌아갔다.

그리고 몇 년이 흘렀다. 밀레가 루소의 집을 방문했다. 루소는 마침 외출 중이어서 밀레는 그가 올 때까지 기다리고 있었다. 그런데 한쪽 벽에 낯익은 그림이 걸려 있는 것을 보게 되었다. 그 그림을 본 밀레는 깜짝 놀랐다. ✝

루소
(Rousseau, Jean Jacques, 1712년~1778년)

프랑스의 계몽사상가, 철학자, 교육론자였다. 그의 철학은 물질과 정신은 함께 영원히 존재한다는 이원론에 입각하여 이신론(理神論)을 주장했다. 사회학적으로는 봉건주의를 배격하고 부르주아 민주주의를 지지하고 시민의 자유를 강조했다. 그의 사상은 프랑스 부르주아 혁명의 큰 밑거름이 되었다.

돈 크라이 포미 아르헨티나
- 마리아 에바 두아르테 데 페론

가난한 시골 농부의, 그것도 사생아로 태어난 마리아 에바 두아르테는 나이트클럽의 댄서로 시작해서 라디오 성우를 거치며 자신을 멸시하는 시선에도 굴복하지 않고 자신의 꿈을 실현하기 위해 노력을 했다.

영화배우로 첫걸음을 내딛을 즈음, 지진으로 인한 난민구제모금 기관에서 에바는 노동부 장관인 후안 페론을 만나게 되었다. 이 만남은 사랑으로 이어지고 에바의 삶을 단숨에 뒤바꾸어 버렸다. 후안 페론과 에바의 결혼이 임박해 올 무렵, 후안 페론의 정치적 역량이 확장되는 것에 위협을 느낀 권력 기관과 군인들은 후안 페론을 체포하여 감금했다.

페론의 석방운동은 민중혁명으로 이어져, 후안 페론이 대통령에 추대되기에 이른다. 이로써 에바는 천한 농부의

사생아에서 아르헨티나의 퍼스트레
이디가 되었다.

    스스로의 의지나 노력과는
상관없이 소외당하고 멸시받았던 약
자였음을 잊을 수 없었던 에바는 권좌에
있으면서 가난한 자들의 편에 서서 기금을 모으고, 노동자들
을 위해 헌신적으로 일하며 불평등을 없애기 위해 노력을 했
다. 이에 감화된 수많은 국민들은 에바를 부통령 후보로 추대
했다.

    그러나 에바는 청천벽력과도 같은 암 말기 진단을 선
고 받는다. 1952년 33세의 젊은 나이로 세상을 떠난 퍼스트레
이디 에바의 장례식은 아르헨티나 국민들의 비탄어린 통곡 속
에 장엄하게 치루어졌다.

    결코 죽음으로도 잊혀지지 않는 에바의 신화는 가난
한 사람들과 노동자들의 가슴속 깊이 간직되고 있다. ✝

행복한 결혼
- 벤저민 디즈레일리

사람과 사람의 관계는 신뢰라는 끈끈한 접착제가 필요하다. 그것으로 인해 사랑이라는 화학반응이 일어나 행복한 관계가 된다.

영국의 유명한 정치가 디즈레일리는 독신으로 지내다가 15세나 연상인 어느 홀어미와 결혼했다. 하지만 이는 결혼 역사상 가장 행복한 결혼이요, 시적인 감동을 주는 결혼이었다. 그녀는 아름답지도 않았고, 재주도 없었다. 의복, 음식, 생활에 관한 솜씨는 거의 빵점이었다.

그러나 결혼생활에서 가장 중요한 한 가지만은 갖추고 있었다. 그것은 곧 사람에 대한 배려와 존경심이었다. 남편이 정치관계로 이 사람 저 사람에게 시달리다가 기운이 쇠진

하여 집으로 돌아오면 반가이 맞아주었고, 집안의 형편이 나빠져도 단 한 마디 짜증을 내지 않고 남편에 대한 존경하는 마음을 잃지 않았다.

디즈레일리는 결혼생활에 대해서 물어보는 사람들에게 다음과 같이 말했다. "결혼생활 30년 동안 아내 때문에 마음 상했던 적이 한 번도 없었다. 그래서 나는 성공한 정치가로 남게 되었다."

남자는 자기 자신을 믿어주는 사람에게 목숨을 바치고 싶어 한다. 디즈레일리는 행복한 남자다. 자기를 믿어주는 아내가 있었기에. 디즈레일리 아내도 행복한 여자다. 남자의 일을 여자가 알아서 뭣하겠느냐고 생각하지 않고 아내에게 이야기해 주며 마음을 서로 나누려고 하는 남편이 있었기에……. ✝

벤저민 디즈레일리
(Benjamin Disraeli, 1804년~1881년)

영국의 정치가이자 문인이다. 1826년에 첫 작품 「비비안 그레이」를 발표하여 문인으로의 명성을 떨쳤다. 그 후 정계에 들어가 몇 차례의 낙선을 거듭한 후 1837년에 토리 당원으로의 하원의원이 되었다. 영국의 제2차 선거법을 개정하여 농민과 노동자에게도 골고루 선거권을 주는 데 성공하였다.

생명을 구한 작은 관심

　　　　마크는 어느 날 학교 수
업을 마치고 집으로 돌아오는 길
에, 앞서가던 한 소년이 발을 헛디
뎌 넘어지는 것을 목격하게 되었
다. 그 바람에 소년이 들고 있던
책이며 두 벌의 스웨터, 야구 글러브와 방망이, 작은 카세트
녹음기가 길바닥에 흩어졌다.

　　　　마크는 달려가서 무릎을 꿇고 소년의 흩어진 물건들
을 주워줬다. 집으로 가는 방향이 같았기 때문에 마크는 소년
의 짐을 나눠 들었다. 소년과 함께 걸어가면서 마크는 소년의
이름이 빌이라는 것을 알았다. 또한 그가 비디오 게임과 야구
와 역사 과목을 좋아하며, 다른 과목들은 점수가 형편없다는
것과, 얼마 전에 여자 친구와 헤어졌다는 사실도 알게 되었다.

두 사람은 먼저 빌의 집에 들렀다. 마크는 콜라를 대접받았고 빌과 함께 텔레비전을 시청했다. 잠깐씩 대화를 나누기도 하고 웃기도 하면서 오후 시간을 즐겁게 보냈다.

그 후 그들은 학교에서 곧잘 마주쳤으며, 이따금 점심을 함께 먹기도 했다. 중학교를 졸업한 두 사람은 같은 고등학교에 진학했고, 그 후에도 몇 차례 만남을 가졌다. 마침내 고등학교를 졸업할 무렵, 빌이 마크에게 대화를 청했다.

"그날 내가 왜 그 많은 물건들을 집으로 가지고 갔는지 넌 궁금하지 않았니? 그때 나는 내 사물함에 있는 물건들을 전부 갖고 왔던 거야. 내 잡동사니들을 다른 사람들에게 남겨 두고 싶지 않았거든. 난 어머니가 복용하는 수면제를 훔쳐 한 움큼 모아놓았고, 그날 집으로 돌아가면 자살을 하려고 했어.

그런데 너와 함께 웃고 이야기 하는 사이에 나는, 만약 자살을 했다면 이런 순간을 갖지 못했을 것이고 앞으로도 이런 순간들을 갖지 못할 것이라는 생각이 들었어. 마크, 네가 그날 길바닥에 떨어진 내 책들을 주어주었을 때 넌 정말 큰일을 한 거야. 넌 내 생명을 구했어." ✝

im poss

제2장

·

성공적인 삶을
위한 불굴의
의지편

열한 번째 손가락

- 모차르트

위대한 사람은 아무도 할 수 없는 일을 해내는 사람이 아니다. 훌륭한 사람은 남들이 할 수 없다고 포기하는 일도 끝까지 밀고 나가 결국 그 일을 해내는 사람이다. 모차르트가 바로 그런 사람이었다.

모차르트는 지금껏 그 누구도 칠 수가 없었던 피아노 화음을 쳐 보이겠다고 친구들과 내기를 했다. 그리고는 재빨리 그 화음의 악보를 오선지에 그렸다. 그 악보는 오른손과 왼손을 다 동원하고도 하나가 모자라 11개의 건반을 동시에 눌러야 하는, 인간으로는 도저히 칠 수 없어 보이는 악보였다. 그러자 그 자리에 모인 친구들이 비웃었다. "이걸 칠 수 있는 사람은 아무도 없어!"

그러자 모차르트는 고개를 가로 저으며 조용히 말했다. "하지만 난 분명히 할 수 있어."

모차르트는 여유롭게 피아노 앞에 앉았다. 그리고는 열 손가락으로 피아노의 건반을 누르면서 동시에 나머지 하나의 건반은 그의 코로 살짝 눌러버렸다. 11개의 건반을 동시에 누르면서 연주한 것이었다.

세상에 불가능한 일은 없다. ✝

볼프강 아마데우스 모차르트
(Wolfgang Amadeus Mozart, 1756년~1791년)

오스트리아의 작곡가. 8세 때 교향곡을 작곡하였으며 마르티니(J.P. Martini)에게 대위법을 사사했다. 오랫동안 봉직하던 잘츠부르크의 궁정 악단을 사직하고 하이든과 교우하면서 서로에게 큰 영향을 주었다. 그 당시 각종 음악 양식을 흡수하여 독일 고전주의 음악의 정수를 표현해서 후세에 많은 영향을 미쳤다. 대표적인 작품으로는 오페라 〈피가로의 결혼〉, 〈돈 죠반니〉, 〈마적(魔笛)〉, 교향곡 〈40번〉, 〈41번〉 등이 있다.

Great Present 028*

역경을 헤치고 꽃피운 불후의 명작
- 렘브란트 하르먼스존 판 레인

역경을 이긴 뒤에 달콤한 명예가 오게 된다. 달콤한 명예는 역경보다 앞서는 법이 결코 없으며 항상 험난한 역경 뒤를 따라 다닌다.

네덜란드 암스테르담에 남부러울 것이 없는 화가가 살았다. 이 화가에겐 아름다운 부인과 돈이 있었다. 그는 사람들이 원하는 그림을 그려 재물을 많이 모았다. 그러나 마냥 행복할 것 같았던 이 화가에게 불행이 닥쳤다. 아름다운 부인이 죽고 가지고 있던 돈마저 다 날아가 버린 것이다.

부인과 돈을 잃고 나서 신앙을 가지게 되었다. 그리고 전에는 볼 수 없을 만큼 경건한 그림을 그렸다. 무엇보다 그는 성경을 공부하며 종교 그림을 그려 많은 사람에게 감동을 주었다.

특히 그의 작품 중에는 〈엠마오 도상의 두 제자〉라는 그림이 있는데 이것은 예수님의 십자가 죽음 후 실망하여 엠마오로 내려가는 두 제자의 비통한 모습을 자신의 삶에 비유해 그린 그림으로 불후의 명작이 되었다.

이 화가가 바로 네덜란드가 낳은 세계적인 화가 렘브란트이다. ✝

렘브란트 하르먼스존 판 레인
(Rembrandt Harmenszoon van Rijn, 1606년~1669년)

바로크 시대의 네덜란드 화가이다. 레오나르도 다 빈치와 함께 유럽 회화 역사상 가장 훌륭한 화가로 알려져 있다. 작품으로 〈자화상〉, 〈마리아의 죽음〉, 〈성 가족〉 등 많은 걸작을 남겼다. 그의 그림은 시대의 관행을 뛰어넘어, 인물들의 개성을 잘 표현하고 있다.

포기를 모르는 사람
- 파가니니

바이올린 연주자 파가니니가 이탈리아의 국립극장에서 연주를 하기 위해 무대에 올랐다. 많은 사람들이 뜨거운 박수를 보내며 그를 맞았다. 연주가 막 시작되었을 때 현 하나가 '탁' 하고 끊어졌다. 파가니니의 연주를 기대하던 많은 사람들이 놀랐다. 하지만 파가니니는 포기를 하지 않고 연주를 다시 시작했다.

그런데 현이 또 끊어졌다. 청중들은 혀를 차며 오늘은 파가니니의 연주를 듣기는 글렀다고 불만을 토로했지만, 파가니니는 침착하게 다시 활을 나머지 현 위에 올려놓고 연주를 하기 시작했다. 그런데 얼마 되지 않아 세 번째 현이 흔들리더니 뚝 끊어졌다.

이번에는 오히려 청중들이 파가니니가 어떻게 할까 궁금해 하는 시선으로 그를 보고 있었다. 이제 한 줄 밖에 남지 않은 현으로 도저히 연주를 할 수 없을 것이라고 사람들은 생각했다. 청중들의 이런 예상을 뒤집고 파가니니는 활을 들어 한 줄의 현을 켜 나갔다.

굵고 깊은 선율이 흘러 나와 청중들의 가슴을 파고들었다. 극장 안은 장엄했고 경이로움에 휩싸였다. 그리고 그를 비웃던 청중들의 시선이 부드럽게 변해 가며 마침내 감격의 눈물이 흘렸다. ✝

파가니니
(Nicoló Paganini, 1782년~1840년)

이탈리아의 제노바에서 태어나, 아버지에게 음악의 기초를 배웠다. 주요 작품으로는 〈바이올린 협주곡 제1번 D장조 Op.6〉, 〈바이올린 협주곡 제2번 라 캄파넬라 b단조 Op.7〉, 〈바이올린 협주곡 제3번 E장조〉, 24개의 카프리치오 등이 있다.

도전하지 않는 사람에게는 실패도 없다
- 에드먼드 힐러리

　　세계의 지붕이라고 불리는 산이 에베레스트이다. 에베레스트라는 이름은 19세기에 이 산을 최초로 발견한 인도인 조지 에베레스트의 이름을 딴 것이다. 이 산의 명성이 널리 알려지자 많은 사람들이 정복하려고 했다. 1954년까지 세계의 내로라하는 수많은 탐험가와 등산가가 이 산을 정복하기 위해 도전했지만 아무도 성공하지 못했다.

　　시련과 고난, 실패의 연속이었던 것이다. 그 사이 이 산은 열한 명의 목숨을 앗아가기도 했다. 난공불락처럼 여겨졌던 이 산은 결국 에드믄드 힐러리에 의해 최초로 정복되었다.

그러나 그가 단 한 번의 도전으로 쉽게 에베레스트를 정복한 것은 아니었다. 1952년에 처음 에베레스트에 도전했다가 실패의 쓴맛을 맛보았다. 에베레스트 등정에 실패한 후, 영국의 한 단체가 그에게 연설을 부탁했다. 그는 에베레스트 등정에 실패한 것이 부끄러워 쑥스러운 듯 단상에 올라갔지만 많은 청중들은 우레와 같은 박수로 그를 맞이했다. 도전하지 않는 사람에게는 실패도 없기 때문이었다. 단상에 올라간 힐러리는 청중에게 이렇게 말했다.

"지난 도전에서는 실패했지만 다음에는 성공할 수 있습니다. 왜냐하면 저 산은 더 이상 성장하지 않지만 내 꿈은 계속 자라나고 있기 때문입니다."

도전하고, 노력하는 사람에게 고난은 있을지언정 좌절이나 포기는 없다. 단지 성공이 조금 늦을 뿐이다. †

에드먼드 힐러리
(Edmund Percival Hillary, 1919년~2008년)

뉴질랜드의 산악인이자 탐험가이다. 1953년 5월 29일 오전 11시 30분 네팔의 텐징 노르가이와 함께 지상에서 가장 높은 에베레스트 산(해발 8,848m)을 최초로 등정하였다. 1955년 남극 탐험대원이 되었으며, 1958년 남극점에 도달하기도 했다.

올림픽 금메달을 딴 소아마비 소녀
- 윌마 글로딘 루돌프

인간의 능력은 이성이라는 잣대로는 도저히 가늠할
수 없다. 도저히 믿기지 않는 이야기가 많이 있기 때문이다.
이런 이야기를 만드는 사람들은 결코 포기를 모른다.

금메달을 딴 소아마비 소녀가 있었다. 올림픽 종목에
는 여러 가지가 있지만 그중에서도 '인간 총알 달리기 경주'라
고 불리는 100m 육상은 많은 사람들의 관심을 끌고 있다. 그
런데 정상인들도 100m 육상에서 우승하기란 하늘에서 별 따
기인데, '윌마'라는 소아마비 소녀가 1960년 9월 로마 올림픽
대회에서 우승을 차지하여 세계를 깜짝 놀라게 했다.

윌마는 네 살 때 소아마비를 앓아 3년 동안 치료를
받았다. 그의 어머니는 새벽 4시에 일어나 이웃 농장에서 품

을 팔고, 오후에는 윌마를 데리고 80km나 떨어진 병원을 찾아가 치료를 받게 했다. 그렇게 3년 동안 치료를 받은 윌마는 겨우 설 수가 있었다. 어쩌다 윌마가 어렵다고 치료를 받는데 게으름을 피우기라도 할라치면 그의 어머니는 엄하게 꾸짖으며 윌마를 더욱 혹독하게 연습을 시켰다.

"잘했어, 오늘은 80cm나 걸었구나. 내일은 1m를 걷기로 하자."

이처럼 어머니의 헌신적인 지도와 본인의 피나는 노력으로 윌마는 여덟 살 때 절룩거리며 학교를 다닐 수 있게 되었다. 고등학교 시절에는 마침내 미국에서 가장 빠르게 달리는 여자 단거리 선수가 된 것이다. 또한, 미국의 여자 육상 대표 선수로 출전하여 100m달리기에서 '11초 0'이라는 올림픽 신기록을 세우고 금메달을 땄다. ✝

월마 글로딘 루돌프
(Wilma Glodean Rudolph, 1940년 6월 23일~1994년 11월 12일)

소아마비를 극복하고 육상선수가 되어 로마올림픽 육상종목에서 3개의 금메달을 획득한 미국 육상선수이다. 애칭은 검은 진주.

고난은 은총의 꽃을 피우는 토양이다
- 게오르크 프리드리히 헨델

삶이 아무리 신산^{辛酸}하다 해도 사람의 의지는 막을 수 없다. 삶이 아무리 팍팍하다 해도 간절한 사람의 희망은 꺼지지 않는다. 희망과 의지를 갖는다면 기적은 일어나게 된다.

독일 출신의 영국 작곡가로 1711년 여왕의 비호를 받을 만큼 명성을 떨치던 사람이 있었다. 그의 이름은 헨델이다. 그런데 그의 인기는 이때부터 점점 떨어져 마침내 사람들에게 버림받고 말았다.

그런데다 갑자기 반신불수가 되고 말았다. 그는 병을 고치려 했으나 빚만 잔뜩 걸머쥔 채 회복하지 못했다. 오히려 빚쟁이들에 의해 감옥에 들어가야 했다.

그러나 그는 이런 참혹한 절
망 속에서 오늘날 위대한 명곡 중
하나로 꼽히는 〈메시아〉를 작곡
해 다시 재기할 수 있었다.

　　　그가 고난을 당하지 않았다면 사람들의 영혼을 울리
는 그와 같은 명곡을 만들지 못했을 것이다. 고난은 은총의 꽃
을 피우게 하는 토양이다. †

게오르크 프리드리히 헨델
(George Friedric Handel, 1685년~1759년)

독일에서 태어나 영국에서 활동한 바로크 시대의 작곡가로 '음악의 어머니'로 불린다.
헨델의 대표적인 교회음악인 〈메시아(Messiah)〉는 킹 제임스 성서의 구절에 곡을 붙인
오라토리오이다. 복음서와 이사야서, 시편을 바탕으로 그리스도의 탄생과 삶, 수난을 담
았다. 그중에서 '주의 영광'과 '할렐루야'가 가장 유명하다.

산에 오르는 이유
- 존 듀이

위대한 철학자이자 교육학자인 존 듀이는 93세로 세상을 떠나기 전까지 끊임없이 연구하여 논문을 발표했고, 죽기 얼마 전에는 뼈를 다쳐 아파트에 갇혀 지내면서도 책의 출간 등 그가 평소 계획해 두었던 일들을 계속했다.

그는 많은 활동을 한 만큼 많은 영예도 누렸다. 국내외 13개 대학교에서 명예학위를 받았고, 중국 정부로부터 '제이드 훈장', 칠레 정부로부터 '메리트 훈장'을 받았다. 그리고 '전국교육협회' 회장과 '미국 철학회' 종신 명예회장에도 임명되었다.

그가 고향 벌링턴 시에서 열린 90회 생일축하 모임에 참석했을 때의 일이다. 그날 만찬에는 듀이가 입양한 세 명의 자녀를 포함해 일곱 명의 자녀들이 모두 모였고 그의 친척들, 많은 유명인사들이 참석한 가운데 들뜬 분위기였다. 그때 듀이는 자신을 의사라고 소개한 한 젊은이에게 질문을 받았다. "어떻게 하면 선생님처럼 위대한 생애를 영위할 수 있겠습니까?"

듀이는 엉뚱한 질문을 받고도 전혀 당황한 기색 없이 대답했다. "산에 오르게."

"산에 올라 무엇을 합니까?"
"다시 올라갈 다른 산을 보기 위해서라네."✝

존 듀이
(John Dewey, 1859년~1952년)

미국의 철학자, 심리학자, 교육운동가이다. 기능심리학을 주창하였으며 미국의 학교제도에 막대한 영향을 준 진보주의를 이끌었다. 1882년 존스홉킨스대학교의 철학 대학원에서 헤겔의 순수 이성에 대한 논문으로 철학 박사학위를 수여했다.

홈런왕의 신화적인 노력
- 조지 허먼 루스

　　　　팀 동료들 사이에 지독한 연습벌레로 알려진 베이브가 며칠 동안 연습에 빠진 일이 있었다. 동료들은 혹시 그가 아픈 것이 아닌가 걱정이 되어 그의 방으로 찾아갔다. 방안에서 음악이 흘러나오고 있었다. 그리고 베이브는 음악에 취해 친구들이 들어온 것도 모른 채 마치 홈런을 치기 전의 자세로 온 신경을 집중하고 레코드판을 노려보고 있었다.

　　　　한참이나 숨을 죽이고 그 모습을 바라보던 동료들이 그의 이름을 몇 번이나 부르고 나서야 베이브는 동료들을 알아봤다. 동료들은 "베이브, 연습에 빠지고 한가하게 음악이나 듣고 있을 때인가? 도대체 지금 뭐 하는 것인가?" 하고 걱정스럽게 물었다. 그러자 베이브가 멋쩍게 말했다.

"실은 지금 홈런 치는 연습을 하고 있었네. 공을 제대로 치기 위해서는 날아오는 공을 정확히 볼 수 있어야 한다고 생각하거든. 그래서 돌아가는 레코드판의 바늘 끝을 공이라 생각하고 따라가고 있었네. 처음에는 회전이 빨라 바늘 끝을 놓치기 일쑤였고 어지러워 속이 울렁거리기도 했네만 어느 순간부터 음반의 회전이 느려지고 바늘 끝을 놓치지 않게 되었네."

지금도 미국인들에게 '홈런'의 동의어로 남아 있는 그의 이름과 그가 이룬 기록은 이렇듯 '신화적인 노력'이 있었기 때문에 가능했다. †

조지 허먼 루스
(George Herman Ruth, 1895년~1948년)

베이브 루스(Babe Ruth)라는 별명으로 더 널리 알려진 메이저 리그의 전설적인 홈런왕이었다. 1914년 2월, 보스턴 레드삭스에 들어간 베이브 루스는 전지훈련과 시범경기를 거치면서 가공할 장타력과 피칭 솜씨를 보여줬다. 기자들은 그의 이름 앞에 '어린아이'라는 뜻의 애칭 '베이브'를 붙였다. 베이브 루스는 1918년부터 1934년까지 17시즌 동안 12번 홈런왕에 올랐고, 1935년 은퇴할 때까지 통산 714개의 홈런과 2217타점과 3할 4푼 2리의 타율을 기록했다.

브루클린의 다리의 기적
-노블링과 워싱턴

　　뉴욕의 맨해튼 시와 브루클린 시 사이에 놓여 있는 브루클린 다리는 인간의 기술이 이룩해 놓은 그야말로 기적의 다리다.

　　1883년, 기술자 존 노블링이 맨해튼 시와 브루클린 시 사이를 잇는 다리 건설을 제안했을 때 전문가들은 하나 같이 그것은 불가능한 일이라며 고개를 저었다. 하지만 노블링은 그의 아들 워싱턴과 함께 다리 건설 작업을 진행했다. 금융업자들을 설득해서 다리 건설을 위한 재정을 지원받게 되면서 그들은 지칠 줄 모르는 열정과 흥분으로 건설 기술자들을 모집하고 꿈의 다리를 건설하기 시작했다.

　　그런데 프로젝트가 진행되고 몇 달이 지난 어느 날, 사고로 인해 존 노블링이 죽고 말았다. 그리고 그와 더불어 다리 건설 방법을 알고 있던 유일한 사람인 아들 워싱턴마저 뇌에 심각한 손상을 입어 말을 할 수도, 걸을 수도 없게 되었다.

이제 다리 건설 계획은 물거품이 된 듯했다. 하지만 침대에 누워 있던 워싱턴의 정신은 그 어느 때보다 날카롭게 번뜩였다. 그의 머리 속에는 온통 다리를 완성해야 한다는 생각뿐이었다. 하지만 그가 움직일 수 있는 거라곤 손가락 한 개뿐이었다. '누군가 내 얘기를 듣게 할 수 있다면…….'

워싱턴은 다른 기술자들과 의사소통할 수 있는 방법을 궁리하다가 손가락을 이용하기로 했다. 그는 다리 건설을 계속 추진할 기술자들에게 전달할 내용을 알려주기 위해 아내와 둘만의 일정한 규칙을 만들었다. 그리고 그 규칙에 따라 아내의 팔에 신호를 보냈다.

브루클린 다리가 완공될 때까지 워싱턴은 13년 동안 손가락 한 개만으로 지시사항을 전달했고, 그의 놀라운 의지력으로 마침내 기적의 다리인 브루클린 다리가 완성되었다. †

브루클린 브리지
Brooklyn Bridge (길이 1053m)

세계 최초의 현수교(강의 양쪽 언덕이나 높은 기둥에 쇠밧줄이나 쇠사슬 등에 의지하여 매달아 놓은 다리)로 1층은 차도, 2층은 보행자 도로로 구분되었다. 걸어서 약 1시간이 소요되며 곳곳에 벤치가 있어 쉬어갈 수도 있다. 브루클린에서 시간을 보낸 후 해질 무렵 다리를 건너면서 보는 노을 진 맨해튼의 모습이 아름답다.

제가 할 수 있는 일을 생각했을 뿐이에요
- 마리 퀴리

"안녕하십니까, 부인." 그녀는 뒤를 돌아보았다. 일을 하는 동안 그녀는 어느 한 남자가 다가오는 것을 전혀 듣지 못했다. 그는 군인이었다. 그는 한쪽 팔을 붕대에 매달고 있었다. 상처에 엉겨 붙은 핏자국으로 보아 위생 따위는 깡그리 무시한 채 무작정 동여맨 것이 분명했다.

"왜 그러세요?"
"제가 좀 도와드릴까 하구요."

그가 도움을 자원했다. 그녀의 승낙을 기다릴 사이도 없이 그는 펑크 난 타이어를 차에다 실었다. 그녀는 그가 하는 대로 내버려 두었다. 희뿌연 카바이트 불빛에 그의 앳된 얼굴이 드러나 보였다. 입 언저리를 찡그린 것으로 보아 팔의 상처

로 고통스러워 한다는 것을 알 수 있었다. 참기 힘들 만큼 아픈 모양이었다.

"어떻게 되신 거예요? 어쩌다 팔을 다치셨나요?"

"별일 아닙니다. 유탄의 파편에 맞았습니다. 좀 전에 의사 선생님이 진통제 주사를 놓아 주셨어요. 그래서 지금은 아픈지도 모르겠어요."

"그런데 의사 선생님이 당신 혼자 가도록 내버려두었단 말이에요?"

"저는 힘껏 달려왔어요. 우리가 타고 있던 차가 펑크나 버렸거든요. 가능한 한 빨리 병원에 가야한다기에 급한 마음에 이렇게 뛰어가고 있던 중입니다."

"그렇다면 길을 제대로 드신 셈이군요. 저도 최대한 빨리 병원에 가야 하거든요. 빨리 타세요."

그들은 나란히 차 안에 앉았다. 그녀가 차에 시동을 걸자 그는 팔에 통증이 심한지 얼굴을 찡그리며 말했다. "그런데 부인은 이런 전쟁 중에 무슨 일로 도로에 나오셨어요?"

그녀는 자기가 알아서 말을 해나가는 편이 그의 고통을 줄이는 데 도움이 될 거라는 생각을 했다. "수많은 부상자들을 위해 내가 할 수 있는 일이 있을까 생각하다가 X-선 촬영기를 이동식으로 만들었어요. 총알이나 포탄의 파편 등이 박힌 부상자들에게는 꼭 필요한 것이니까요. 지금 X-선 촬영기를 싣고 병원으로 가고 있는 중이에요."

주의 깊게 듣고 있던 병사는 뭔가를 골똘히 생각하다가 놀라는 듯한 얼굴로 그녀에게 물었다. "X-선 촬영기를 이동식으로 만드셨다구요? 그럼, 혹시 마리 퀴리 부인이세요?"

"네." ✝

마리 퀴리
(Marie Curie, 1867년~1934년)

방사능 분야의 선구자이며 노벨상 수상자이다. 1898년, 방사능 물질인 라듐을 발견했다. 1903년 라듐연구로 남편 피에르 퀴리와 공동으로 노벨 물리학상을 수상하였고, 1911년에는 라듐 및 폴로늄의 발견과 라듐의 성질 및 그 화합물 연구로 노벨 화학상을 수상하였다.

나이가 성공을 가로막는 장벽이 될 수 없다
- 커넬 샌더스

독특한 맛으로 세계인의 입맛을 사로잡은 켄터키 후라이드 치킨(KFC). 그 출입문 앞에 푸근한 웃음을 짓고 서 있는 할아버지가 바로 창업주인 커넬 할랜드 샌더스이다.

초등학교도 제대로 졸업하지 못한 커넬은 열다섯 살에 처음 직장 생활을 시작하여 농장 인부, 자동차 페인트공, 보험 설계사 등 여러 직업을 전전하다가 39세가 되던 1929년, 켄터키 주의 코빈이라는 작은 마을에 주유소를 차렸다.

어느 날 한 손님이 "이 마을에는 마음에 드는 식당이 하나도 없다."고 투덜대는 소리를 듣자 그는 귀가 번쩍 뜨였다. 그는 어릴 때부터 요리라면 자신 있었으므로 곧바로 주유소 뒤 창고에 탁자 하나와 의자 몇 개를 놓고 여행자들을 위한 식당을 열었다.

이 허름한 창고 식당의 닭튀김이 맛있다는 소문이 나자 손님이 밀려들었다. 가게가 나날이 번창해 커넬은 아예 국도 변에 '샌더스 카페'라는 식당을 차렸는데, 이곳이 바로 KFC의 고향인 셈이다. 샌더스 카페의 인기 메뉴인 닭튀김은 열한 가지 양념으로 독특한 맛을 내고 압력솥에 튀겨 느끼하지 않은 것이 자랑이었다. 그러나 그는 음식의 질뿐만 아니라 서비스와 청결 면에도 신경을 썼다.

그런데 새 고속도로가 뚫리면서 샌더스 카페에는 손님이 하나둘씩 줄어들었고 급기야 가게 문을 닫는 위기를 맞았다. 상황이 악화되어 식당은 결국 경매로 넘어가게 되었다. 하지만 그때 커넬이 연금을 받으면서 여생을 마무리했다면 지금의 KFC는 탄생하지 못했을 것이다. 평소에 '죽는 날까지 열심히 일한다.'는 좌우명을 갖고 있던 커넬은 65세에 재기의 의지를 다졌다.

그는 자동차 트렁크에 압력솥과 양념을 싣고 곳곳의 레스토랑을 찾아다니면서, 자신의 치킨 맛에 호의를 갖는 식당 주인들과 프랜차이즈 계약을 맺기 시작했다. 여관비를 아끼기 위해 자동차에서 잠을 자고 주유소 화장실에서 면도를 하면서 수많은 레스토랑을 찾아다녔다. 2년이 지나자 다섯 개의 체인점을 모집할 수 있었고, 4년 뒤엔 체인점 수가 2백 개를 넘었다.

1980년 90세의 나이로 삶을 마칠 때까지 그는 각 나라의 매장을 두루 돌아다니며 일을 했다. 방문한 가게의 요리가 시원치 않으면 직접 주방으로 들어가 앞치마를 두르고 손자뻘 되는 종업원들을 가르치는 열의를 보이기도 했다.

생전에 다른 사람들을 즐겁게 하는 일을 비즈니스 신조로 삼았던 그는 나이가 성공을 가로막는 장벽이 결코 될 수 없음을 가르쳐 준다. ✝

금메달 같은 은메달
- 글렌 커닝엄

1936년 베를린 올림픽 육상 1500m의 은메달 리스트인 글렌 커닝엄의 이야기이다.

글렌이 초등학교를 다닐 때였다. 어느 추운 겨울 아침 글렌은 형과 함께 교실에서 난로를 피우고 있었다. 그런데 그만 석유통을 엎지르는 바람에 난롯불이 마룻바닥에 옮겨 붙었다. 그 사고로 글렌은 형을 잃고 온 몸에 화상을 입었다.

글렌이 병원에서 깨어났을 때 의사는 화상이 심해 다리를 절단해야 한다고 말했다. 그 말을 듣고 글렌은 평생 누워 살아도 좋으니 다리만은 자르지 말라고 소리쳤다. 그래서 글렌은 수술을 받지 않았지만 침대에 누워 지내야만 했다.

어느 날 문득 글렌은 어머니에게 일어나보고 싶다고 말했다. 아버지와 어머니가 양쪽에서 붙들어 간신히 글렌을 일으켜 세웠을 때, 그의 다리는 부서진 인형의 다리처럼 덜렁거렸다. 그날부터 글렌은 서는 연습을 했다.

몇 번이고 픽픽 쓰러지면서도 이를 악물고 일어났다. 글렌이 똑바로 일어설 수 있게 되었을 때 그의 부모들은 기대하지도 않았던 일이라 매우 놀라워하였다. 어느 날 글렌은 책에서 다리를 튼튼하게 하려면 달리기를 하라는 글을 읽었다. 글렌은 주저 없이 달리기를 시작했다.

그는 넘어지고 넘어지면서도 달렸다. 어디를 가든 그는 달렸다. 그렇게 달린 글렌은 학교에서 치른 육상대회에서 1등을 하고 이어 각종 육상경기에 나가 우승을 했다. 마침내 그는 미국에서 열린 1마일 육상대회에서 세계 기록을 세우기에 이르렀다.

절단할 뻔했던 다리로 올림픽 은메달의 자리에까지 달려온 글렌 커닝엄. 그의 이름은 스포츠 역사에 길이 남을 것이다. ✝

그는 멈추지 않았다
- 보브 위랜트

　　미국 LA 마라톤대회에서 다리 대신 두 손만으로 마라톤 전 코스를 달린 사람이 있다. 그의 이름은 보브 위랜트로 베트남 전쟁 때 두 다리를 잃은 참전 용사였다.

　　마라톤이 시작되기 하루 전날 아침, 그는 심판도 없이 혼자 출발선으로 나갔다. 위랜트는 7년 전의 일을 생각하며 묵묵히 마라톤 코스를 달렸다. 그는 미국 대륙 4,454km를 두 팔로 걸어 3년 8개월 6일 만에 횡단한 적이 있었다. 그때 모험적인 도전이라며 함께 동참했던 친구들은 기온이 60도를 오르는 뉴멕시코 사막지대에 들어서자 이런저런 핑계를 대며 그의 곁을 떠나버렸다.

　　또 어떤 사람이 위랜트의 모습을 보고 '개가 T셔츠를 입고 고속도로를 기어가고 있다.'고 NBC 방송국에 전화를 거는 해프닝이 벌어지기도 했다. 그렇지만 미주리 주를 지날 때 베트남 전쟁에서 지뢰를 밟고 두 다리를 잃어버린 위랜트를 업고 헬리콥터까지 갔던 전우를 만나기도 했다. 그는 그때의 감격스러운 장면을 생각하면서 자신의 모습이 실의에 빠진 청소년들과 장애인들에게 삶의 희망이 되기를 바랐다. 이런 생각만으로도 전혀 외롭지 않았다.

3일 뒤 위랜트는 74시간 8분 26초라는 기록으로 결승선에 도착했다. 심판도 없고 경쟁자도 없는 고독한 경주를 3일 만에 모두 마친 것이었다. 그는 아무도 알아주지 않았지만 자신의 기록이 18시간이나 단축되었다고 크게 만족해했다. 아직도 달리는 일을 포기하지 않고 새로운 계획을 세우고 있는 위랜트는 이웃들에게 이렇게 말한다.

"저에게는 권태로운 날이 단 하루도 없습니다. 목표를 세워 그것을 해내는 것이 진짜 사는 재미입니다. 안 된다고 생각했을 때는 다리가 열 개라도 그 사람의 인생은 끝장인 것입니다." †

왜, 생각만 하고 있는가?
- 에드워드 제너

18세기 유럽 사람들의 주요 사망 원인은 천연두였다. 많은 의사들이 이 병의 치료제를 만드는데 노력했지만 별 진전이 없었다. 당시 서민들 사이에서는 한 번 우두에 걸린 사람은 천연두에 걸리지 않는다는 이야기가 널리 퍼져 있었다. 그러나 의학계에서는 터무니없는 소리라며 아무도 그 진위를 확인하려 들지 않았다.

그 무렵 어느 시골마을의 외과의사인 제너는 우연히 마을 처녀를 진찰하게 되었다. 결과는 천연두였다. 제너가 천연두에 걸렸다고 하자 처녀는 펄쩍 뛰면서 말했다. "천연두라고요? 그럴 리가. 전에 우두에 걸린 일이 있었는데요?"

무심코 이 말을 들은 제너는 혹시 우두가 천연두에 예방효과를 지니고 있는 것이 아닌가 하는 생각을 하고 동료 의사들에게 자신의 생각을 털어놓았다. 친구들은 너털웃음을 터뜨리며 '근거 없는 낭설을 믿느냐'며 제너를 비웃었다. 그 후 제너는 런던으로 가서 유명한 의사이자 해부학자인 존 헌터 박사의 제자가 되었다.

그때까지도 우두와 천연두의 의문을 풀지 못한 제너 는 스승에게 아주 조심스럽게 자신의 견해를 밝혔다. 흰머리 가 성성한 헌터는 제너를 지그시 쳐다보더니 이렇게 말하는 것이었다. "왜, 생각만 하고 있는 건가, 왜 실험해 보려는 생 각은 하지 못하는 건가!"

스승의 말은 제너에게 찬물을 확 끼얹는 듯한 충격으 로 다가왔다. 그는 고향으로 다시 돌아갔다. 그리고 곧바로 천 연두를 연구하기 시작했다. 그러나 제너의 천연두 예방법은 심한 비난 속에 엉뚱하게 퍼져나갔다. '제너는 소의 젖에서 나 오는 병균을 사람 몸에 투입시켜 인간을 동물로 만들려고 한 다.', '종두를 맞으면 소처럼 얼굴이 변하고 뿔이 난다.' 대개 가 이런 소문이었다.

그러나 제너는 자신의 의지를 굽히지 않고 연구를 계속하였다. 자신의 신념을 믿었던 그는 아이들에게 우두 백신을 접종하여 자신의 연구 성과를 세상에 알렸다. 마침내 종두 예방법이 책으로 엮어져 나왔을 때는 종두연구를 시작한 지 20년이 흐른 뒤였다. †

종두(種痘)

우두(牛痘)를 사람에게 접종(接種)시키는 일, 종두를 함으로써 천연두의 면역성을 갖게 하고 감염을 예방한다.

에드워드 제너
(Edward Jenner, 1749년~1823년)

영국의 의사로 종두(種痘)법의 발견했다. 런던대학 세인트조지스 병원의 외과의사인 존 헌터 밑에서 의학을 배웠고 고향 마을에서 병원을 개업했다. 제너는 우유 짜는 부인이 소의 천연두를 경험한 뒤에는 천연두에 걸리지 않는다는 것이 알게 되었다. 이러한 사실을 의학에 응용하여 종두(種痘)를 아이들에게 행하여 성공을 거두었다. 제너는 이 실험을 계속하였고 마침내 프랑스에서 받아들이게 되어 종두법이 전 세계로 퍼졌다.

늦은 도전
- 알렉스 헤일리

「뿌리」의 작가 알렉스 헤일리는 미국 해안 경비대에서 20여 년을 근무했다. 화물선을 타고 나갈 때마다 약 2개월간을 바다에서 보내야만 했던 그는 끝없이 펼쳐지는 바다를 보며 작가에 대한 꿈을 키워 나갔다.

그러나 당장 직장을 그만두고 작가로 나서기에는 그의 실력이 형편없다는 것을 누구보다도 잘 알고 있었다. 그래서 처음에는 고향 사람들에게 편지를 쓰기 시작했다. 배 위에서의 생활, 외로운 바다풍경 등 일상적인 얘기들을 편지로 보내면서 점점 글쓰기에 대한 재미를 붙여 나갔다. 고된 일을 하면서도 틈틈이 편지와 일기쓰기를 게을리 하지 않았던 그에게 동료 승무원이 찾아왔다.

"알렉스, 자네가 편지 쓰기를 좋아한다는 걸 알고 왔네. 제발 내 대신 애인에게 편지 한 통만 써 주게. 난 글이라면 너무 서툴러서……."

알렉스는 기꺼이 그 일을 맡았다. 소문이 삽시간에 배 안으로 퍼지자 너도나도 알렉스에게 연애편지를 부탁했다. 알렉스는 밤을 새우면서 편지를 썼다.

그리고 20년이 지난 어느 날이었다. 알렉스는 '작가의 꿈'을 실현하기 위해 드디어 배에서 내렸다. 직장을 그만둔 후, 그는 그동안 갈고 닦은 실력을 발휘하기로 마음먹었다. 지독한 가난과 중년의 나이, 실패할지도 모르는 불안감 속에서도 기꺼이 새로운 세계에 뛰어 든 알렉스, 그러나 그에게 20년 동안 갈고 닦은 실력이 있었다. ✝

알렉스 헤일리
(Alex Haley, 1921년~1992)

미국의 흑인 소설가. 소설 「뿌리」(1976)로 퓰리처상, 미국도서특별상을 수상하였다. 이 소설은 텔레비전 미니시리즈로 제작되어 미국 뿐 아니라 전 세계적으로 큰 인기를 모았다. 1965년 맬컴 엑스의 전기를 대필한 것이 계기가 되어, 서부 아프리카 감비아의 한 마을에서 있었던 일을 끈질기게 추적하게 되었다. 노예로 잡혀온 쿤타킨테 이래 6대에 걸친 모계(母系)측 내력을 「뿌리」(1976)라는 소설로 완성했다.

한 번만 읽어 주세요
– 마거릿 미첼

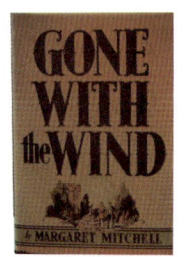

　　스물여섯의 나이에 다리 부상으로
신문사를 그만두어야 했던 마가릿 미첼은
병상에서 소설을 쓰기 시작하여, 10여 년의
긴 시간 끝에 「바람과 함께 사라지다」를 탈
고했다. 미첼은 완성된 원고 뭉치를 들고 출판사를 찾아 다녔
지만 무명작가의 소설을 출판하겠다고 나서는 사람은 아무도
없었다.

　　그렇게 3년이 흘렀다. 미첼의 원고는 닳아서 너덜너
덜해졌다. 그날도 미첼은 원고 뭉치를 들고 집을 나섰다. 밀런
출판사를 찾아갔을 때 편집장인 레이슨은 출장을 가기 위해
기차역으로 떠난 뒤였다. 미첼은 기차역으로 급히 갔다. 그녀
가 기차역에 도착했을 때 레이슨은 막 기차에 오르려던 참이

였다. 미첼은 큰 소리로 레이슨을 불렀다. 레이슨이 걸음을 멈추고 미첼을 쳐다보자 그녀는 그에게 다가가 원고 뭉치를 안기며 말했다. "한 번만 읽어주세요……."

레이슨은 마지못해 원고를 들고 기차에 올랐다. 덜컹거리며 기차가 움직이자 미첼은 빠른 걸음으로 기차역을 빠져나가 우체국으로 향했다. 얼마 후 승무원이 레이슨에게 전보 한 통을 내밀었다. 전보에는 이렇게 쓰여 있었다. "한 번만 읽어 주세요. 미첼 올림."

전보를 훑어본 레이슨은 흘깃 미첼의 원고를 쳐다보고는 이내 하던 일을 계속했다. 얼마 지나지 않아 같은 내용의 두 번째 전보가 배달되었다. 그때까지도 레이슨은 원고를 읽어볼 흥미를 느끼지 못했다.

그런데 또 다시 세 번째 전보가 배달되었다. 그제야 레이슨은 기차역에 서 있던 미첼의 얼굴을 떠올리며 조금이라도 읽어 볼 생각으로 원고를 펼쳤다. 목적지에 기차가 멈추자 사람들이 하나둘 짐을 챙겨 내렸지만 레이슨은 그것도 모른채 미첼의 원고에 푹 빠져 있었다. ✝

이제 우리는 다시 시작할 수 있게 되었다
- 토머스 에디슨

1914년 겨울밤, 에디슨의 공장에 불이 났다. 그의 필생의 노력의 결과가 완전히 없어진 것이다. 화재소식을 듣고 달려온 에디슨은 바람을 타고 번져나가는 화염을 바라보는 수밖에 없었다. 에디슨의 나이 67세였다. 그것은 에디슨에게는 재기 불능의 재난처럼 보였다.

다음날 아침 에디슨은 잿더미로 변한 공장을 둘러보면서 이렇게 말했다. "지금까지 우리가 저지른 모든 시행착오며 실패들이 완전히 타 버리고 없어졌다. 이제 우리는 그런 실패들을 거치지 않고 다시 시작할 수 있게 되었다."

3주일 후에 에디슨의 공장은 첫 축음기를 생산하는 데 성공했다. ✝

에디슨의 명언

- 성공은 열심히 노력하며 기다리는 사람에게 찾아온다.
  Everything comes to him who hustles while he waits.

- 천재는 1퍼센트의 영감과 99퍼센트의 땀으로 만들어진다.
  Genius is one percent inspiration, ninety-nine percent perspiration.

- 천재란 자신에게 주어진 일을 하는 재능 있는 사람일 뿐이다.
  A genius is just a talented person who does his homework.

- 나는 평생 동안 하루치 일을 하지 않았다. 그것은 모두 재미있는 놀이였다.
  I never did a day's work in my life. It was all fun.

- 인생에 규칙이란 없다. 우리는 무언가 이루려 노력할 뿐이다.
  There are no rules here - we're trying to accomplish something.

- 어떤 것이 당신의 계획대로 되지 않는다고 해서 그것이 불필요한 것은 아니다.
  Just because something doesn't do what you planned it to do
  doesn't mean it's useless.

- 인생에서 실패한 사람 대부분은 성공을 목전에 두고도 모른 채 포기한 이들이다.
  Many of life's failures are people who did not realize how close they
  were to success when they gave up.

토머스 에디슨
(Thomas Alva Edison, 1847년~1931년)

미국의 발명가. 특허 수가 1,000종이 넘을 정도로 많은 발명을 하였고, 그중 전구의 발명이 가장 중요한 업적으로 평가받는다. 전구실험 중에 발견한 '에디슨 효과'는 20세기 들어와 열전자 현상으로서 연구되고, 진공관에 응용되어 전자공업 발달의 바탕이 되었다. 평생을 끊임없는 연구와 창조를 계속한 그의 발명가 정신은 후세에 귀감이 되고 있다.

포기하지 마라
- 윈스턴 처칠

윈스턴 처칠은 20세기의 가장 뛰어난 정치가 중의 한 사람이었다. 그런 그가 중학교 때 3년이나 진학을 못했다. 영어에 늘 낙제점을 받았기 때문이다. 육군사관학교에도 들어가지 못하고 포병학교에, 그것도 명문가의 자제라는 특전 때문에 입학이 되었다.

그런 그가 먼 훗날 옥스퍼드대학의 졸업식에서 축사를 하게 되었다. 처칠은 우뢰와 같은 박수를 받아가며 위엄 있게 연단에 걸어 나와서 천천히 모자를 벗어놓고 청중을 바라보았다. 청중은 숨소리를 죽이며 그의 말을 기다렸다.

"포기하지 마라."

이것이 그의 첫마디였다. 그리고는 천천히 청중석을 둘러보았다. 청중들은 조용히 다음 말을 기다렸다. 처칠은 목청을 가다듬고 다시 소리쳤다.

"포기하지 마라!"

그는 위엄으로 가득 찬 동작으로 걸어 나갔다. ✝

윈스턴 처칠
(Winston Leonard Spencer Churchill, 1874년~1965년)

영국의 정치가이자 문학가이다. 자유당 내각의 통상장관·식민장관·해군장관 등을 역임하였다. 제2차 세계대전 중에 노동당과의 연립내각을 이끌고 루스벨트, 스탈린과 함께 전쟁을 승리로 이끌었다. 이후 반소 진영의 선두에 섰으며 1946년 '철의 장막'이라는 신조어를 만들어내기도 했다. 1953년 「제2차 세계대전」으로 노벨 문학상을 수상했다.

고난은 성공의 디딤돌이다
- 리블 외

뚜마스라고 하는 이가 리블이라는 유명한 시인에게 "무엇이 그대를 시인으로 만들었느냐?"고 물었을 때, 리블은 서슴지 않고 '고난'이라고 대답했다.

누가 카네기에게 "어떻게 그렇게 부를 이루었느냐?"고 물었을 때 그는 "부호됨에 가장 필요한 조건은 가난한 집에 태어나는 것이다."라고 하면서 "가난의 밑바닥에서 그 가난의 고통을 골수에 사무치게 맛본 자가 큰 부를 이룰 수 있다."라고 말하였다.

위대한 음악가 베토벤은 귀머거리였으며, 영국의 대문호 밀턴은 소경이 되어서 '실락원'이라는 걸작을 썼고 유명한 교육자 페스탈로치는 "고난은 풍족한 생활에서 가져 온 것보다 더 많은 가치를 가져왔다. 내 일생의 고난은, 내가 만일 행복하였더라면 결코 성취되지 못했을 것을, 내 안에서 성취하게 하였다. 고난과 눈물이 나를 높은 예지로 이끌었다. 보석이나 즐거움은 결코 이것을 만들지 못했을 것이다."라고 하였다.

어리석은 자는 고난 앞에서 절망하지만, 현명한 자는 고난을 성공으로 바꾼다. ✝

거시적인 안목으로 목표를 세우라
- 멘델

　　오스트리아의 식물학자 멘델은 유전현상을 알기 위해 8년간의 완두콩 교배실험을 통해 '식물잡종의 연구'라는 논문을 내놓았지만, 인정을 받지 못한 채 세상을 떠났다.

　　그러나 그는 죽을 때까지 확고한 신념을 가지고, 자기의 유전법칙은 진리이며 언젠가는 자기의 시대가 올 것이라고 믿었다. 1900년에 와서 여러 학자들의 실험 결과로 멘델의 법칙은 과학적 진리로서 인정을 받게 되었다. 그의 말대로 그의 시대가 온 것이다.

　　인간에게는 희망의 시대와 실의의 시대가 있다. 모든 일이 잘 된다고 너무 기뻐하지도 말고, 뜻대로 되지 않는다고 슬퍼하지도 말며, 신념을 가지고 묵묵히 기다릴 줄 알아야 한다. 항상 모든 일을 조급하게 서둘러서는 안 된다. 빨리 쌓은 탑은 무너지기 쉬운 법이다. 인생을 좀더 느긋하게 기다리며 살아가면서 실력을 쌓아야 한다. 실력이 있는 자만이 기회가 왔을 때 자기의 목표를 달성할 수 있는 것이다. †

멘델
(Gregor Mendel, 1822년~1884년)

오스트리아의 성직자이자 박물학자이다. 사제를 지내면서 빈대학에서 공부했다. 수도원의 정원에서 완두의 교배실험을 하던 중 유전의 법칙을 밝혔는데, 당시 학계로부터는 인정받지 못하였다.

왜 너는 말을 하지 않느냐?
- 미켈란젤로

미켈란젤로가 예술사에서 중요한 비중을 차지하고 있다는 사실은 전혀 이론의 여지가 없다. 그는 어떤 시대의 그 어떤 예술가보다 탁월한 조각가였다. 거대한 〈모세상〉은 그의 걸작품 중의 하나로 근 4백여 년 동안 인류의 심금을 울리고 있다. 그러나 미켈란젤로는 자신의 작품에 결코 만족을 느끼지 못했다.

그의 최대 걸작품인 〈모세상〉이 완성되었을 때의 일이다. 미켈란젤로는 〈모세상〉을 살펴보았다. 그런데 갑자기 화가 난 그는 조각 끌로 〈모세상〉의 발등을 부수면서 울부짖었다. "왜 너는 말을 하지 않느냐?" 차가운 대리석에 생명력을 불어 넣으려는 그의 이상理想 때문이었다.

오늘날 우리는 미켈란젤로의 〈모세상〉 발등 위에 난 좁고도 긴 홈을 볼 수 있다. 이 홈이야말로, 그의 꿈을 완성시키지 못한 사람을 말해 주는 상징인 것이다. 또한 이것은 불가능한 것을 시도함으로써 대가가 된 사람들을 상징하고 있다. 그들은 자기만족에 도취되지 않고 스스로에게 끊임없는 채찍을 가했던 것이다. ✝

미켈란젤로
(Buonarroti Michelangelo(이태리), 1475년~1564년)

이탈리아의 조각가 · 화가 · 시인 · 건축가. 레오나르도 다빈치 · 라파엘로 등과 어깨를 나란히 하는 이탈리아 르네상스 최대의 예술가이다. 1496년에 로마로 가서 대리석 군상(群像) 〈피에타〉로 명성을 얻고, 피렌체로 돌아와 다비드(David)의 거상(巨像)을 제작하였다.

나이보다 마음이 더 문제
- 해리 리버맨

　　노인 학교에 나가서 잡담을 하거나 체스를 두는 것이 고작인 한 노인이 있었다. 그가 어느 날, 체스 상대자가 없어 그냥 멍하니 있는데 한 젊은이가 지나가다가 이렇게 말했다.

　　"그냥 그렇게 앉아 계시느니 그림이나 그리시지요?"
　　"내가 그림을? 나는 붓을 잡을 줄도 모르는데."

　　"그야 배우면 되지요?"
　　"그러기엔 너무 늦었어. 이미 일흔이 넘었는걸."

　　"제가 보기엔 할아버지의 연세가 문제가 아니라, 할 수 없다고 생각하는 할아버지의 마음이 더 문제 같은데요."

젊은이의 그런 핀잔은 곧 그 할아버지로 하여금 미술실을 찾게 했다. 그림을 그리는 일은 생각했던 것만큼 어렵지도 않았으며 더욱이 그 나이에서 나오는 풍부한 경험으로 인해 성숙한 그림을 그릴 수가 있었다. 붓을 잡은 손은 떨렸지만 그는 매일 거르지 않고 그림을 그렸다. 이 새로운 일은 그의 마지막 인생을 더욱 풍요롭게 장식해 주었다.

그가 바로 평론가들이 '미국의 샤갈'이라고 극찬했던 해리 리버맨이다. 그는 이후 많은 사람들의 격려 속에서 죽을 때까지 수많은 그림을 남겼으며 백한 살, 스물두 번째 전시회를 마지막으로 삶을 마쳤다. ✝

해리 리버맨
(Harry Lieberman, 1880년~1983년)

폴란드 태생으로 랍비 수업을 받다가 랍비로서의 길을 버리고 미국으로 이민했다. 재단사, 캔디 제조업자 등으로 일하다가 76세에 은퇴했다. 그의 나이 81세 때 처음으로 붓을 잡았다. 유태인의 서민 생활과 폴란드의 추억을 담은 종교적 색채의 그림으로 유명하다.

노력하는 자만이 영감을 얻는다
- 루드

　　　　　코카콜라 병을 창안하여 큰돈을 번 루
드는 미국 조지아 주에서 가난한 농부의 아들로
태어났는데, 집안 형편이 어려워서 중학교조차 다
니지 못했다. 그는 도시로 나가 신문 배달, 구두
닦이, 철공소 심부름꾼 등의 일을 거쳐 병을 만드는 공장에 취
직하게 되었다.

　　　　　당시 미국에는 코카콜라가 새로 나와서 인기를 끌게
되자, 코카콜라 회사에서는 '모양이 예쁘고, 물에 젖어도 미끄
러지지 않고, 겉보기보다 양이 적게 들어가는 병'을 현상 모집
하고 있었다.

　　　　　루드는 6개월이나 연구에 연구를 거듭했지만 좋은
생각이 떠오르지 않았다. 그러던 어느 날, 그는 여자 친구가

입고 있는 주름치마를 보고는 거기에서 힌트를 얻어 허리가 잘록하고 주름이 잡힌 병을 만들어 내서 600만 달러의 현상금을 받게 되었다. 그 후 그는 고향에서 유리제품 공장을 경영하며 행복한 일생을 보냈다.

현대 산업사회에서는 멋진 아이디어 하나가 큰 성공을 약속하기도 한다. 특히 앞으로의 정보화사회에서 그 중요성은 두말할 나위도 없다.

그러나 밤낮 졸고 있는 사람에게는 좋은 아이디어가 떠오를 리 없다. 궁리에 궁리를 거듭하는 사람만이 영감도 얻을 수 있다. ✝

천국에서는 들을 수 있겠지
- 베토벤

베토벤은 점점 귀가 들리지 않게 되자 사람들을 피하기 시작했다. '다른 사람들보다 더 잘 들어야 할 내가 귀머거리가 되다니…….'

그는 시골에서 홀로 지내면서 이른 아침부터 집 근처에 있는 숲 속을 산책하다가 마음이 내키면 나무 밑에 앉아 책을 읽고, 또 걸으며 편안한 시간을 보냈다. 그리고 충격에서 차츰 벗어나 다시 작곡을 시작했다. 아무런 소리도 들리지 않았지만, 그의 음악은 그가 살아 온 인생만큼 격정적이고 장렬했으며, 외롭고 불행할수록 작품은 더욱 빛을 발하였다.

마지막 교향곡인 9번 〈환희의 송가〉가 완성되었을 때 베토벤은 직접 오케스트라와 합창단의 지휘를 맡게 되었다. 아무런 소리도 들을 수 없었지만 그는 마음속의 악보를 따라 지휘했다.

연주가 끝나자 청중들의 반응을 알지 못하는 베토벤은 가만히 서 있었다. 수석 바이올리니스트가 그런 베토벤을 정중하게 청중을 향해 돌려 세웠다. 관객 모두가 일제히 일어선 채 그에게 박수를 보내며 열광하는 것이었다. 그의 눈에서는 하염없이 눈물이 흐르고 있었다.

그 뒤 힘들고 외로운 생애를 마감할 때까지 베토벤은 이날의 감동을 잊지 못했고, 마지막 그가 쓴 유서에는 다음과 같은 글이 씌여 있었다.

"천국에서는 들을 수 있겠지……." ✝

환희의 송가(독일어: An die Freude)는 독일의 시인 프리드리히 실러가 1785년에 지은 송시 형식의 시로, 단결의 이상과 모든 인류의 우애를 찬양하는 내용을 담고 있다. 또한 이 시는 베토벤이 1824년에 완성한 교향곡 9번의 가사로 쓰인 시이기도 하다. 특히 4악장에서는 온갖 타악기들이 등장해 환상적인 음악을 들을 수 있다.

환희의 송가

환희여! 아름다운 주의 빛,
낙원에서 온 아가씨여,
정열에 넘치는 우리들은 그대의 성정에 들어가리.
그대의 매력은 가혹한 세상의 모습에 의해
떨어진 것을 다시 결합시키도다.
그대의 날개에 머물 때 모든 사람들은 형제가 되리.

포옹하라! 만민들이여!
온 세상에게 이 키스를 주리. 형제들이여!
푸른 하늘 위에는 사랑하는 주가 꼭 계시리.
땅에 엎드려 비나니 만물들이여 조물주를 믿는가?
푸른 하늘 위에서 주를 찾으라.
많은 별 위에 그는 꼭 계실 것이다.

품에 안겨라. 만민들이여!
온 세상에 이 키스를 주리... 환희여!
아름다운 주의 빛,
낙원에서 온 아가씨들이여,
환희여, 아름다운 주의 빛

무슨 일이든지 노력하면 된다
- 아이작 뉴턴 경

　　이론과학의 선구자 뉴턴은 어머니의 뱃속, 즉 아직 태어나기도 전에 아버지를 여의었다. 그 후 어머니마저 재혼하여 할머니 손에서 자라야 했다. 소년 뉴턴은 몸집도 작고 허약하였으며, 학교 성적도 꼴찌에서 1, 2등이었다.

　　"아이작, 바보!"

　　아이들은 어린 뉴턴을 이렇게 놀려댔고, 선생도 그를 바보로 여겼다. 그래서 뉴턴은 자기 머리가 나쁘다고 생각하게 되었다.

　　그러던 어느 날 뉴턴은 사소한 일로 같은 반의 공부 잘하는 아이와 말다툼을 하게 되었다. 그 아이는 자기가 잘못했는데도 "바보인 주제에 무슨 잔소리야." 하고 뉴턴의 옆구리를 발로 찼다. 그러나 허약한 뉴턴은 싸움에 질 수밖에 없었다. 구경하던 다른 아이들은 아무도 그의 편을 들어주지 않았다. 그날 밤, 뉴턴은 한잠도 자지 못하고 분해서 눈물을 흘렸다.

'머리가 나쁜 사람의 말은 옳은 말이라도 믿어주는 사람이 없구나.' 그렇게 자학하던 뉴턴은 새벽녘이 되어서 문득 이런 생각을 했다. '나는 정말 바보일까? 나는 내 자신을 바보로 생각하고 지금까지 한 번도 공부를 열심히 해 본 적이 없었다. 그렇다. 체력으로나 공부로나 남에게 지지 않도록 열심히 노력해 보자.'

그날부터 뉴턴은 굳게 결심을 하고 딴 사람이 된 것처럼 열심히 공부했다. 그러자 머지않아 모든 사람들이 놀랄 만큼 성적이 좋아졌다. ✝

아이작 뉴턴 경
(Sir Isaac Newton, 1643년~1727년)

영국의 물리학자, 수학자, 천문학자, 광학자, 자연철학자이다. 만유인력과 세 가지의 운동 법칙을 저술한 「자연철학의 수학적 원리」는 과학사에서 가장 영향력 있는 저서 중의 하나로 꼽힌다. 수학적으로는, 미적분을 발달시켰고 일반화된 이항정리를 증명했다.

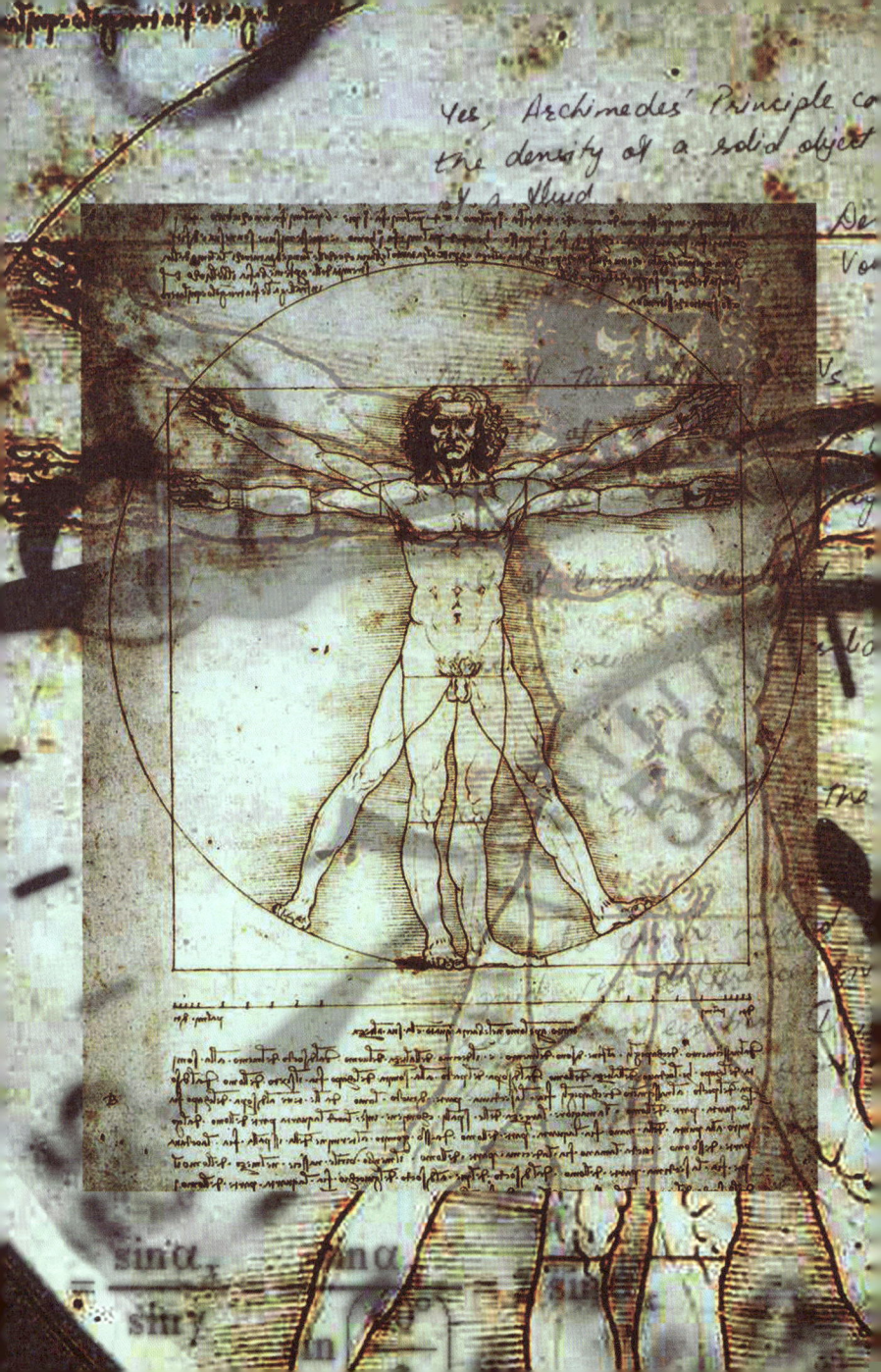

Yes, Archimedes' Principle ca
the density of a solid object
of a fluid

제3장

•

세상을 바로
보기 위한
삶의 지혜편

마음의 눈
- 조지 버나드 쇼

사람의 눈은 두 개만 있는 것이 아
니라 네 개가 있다. 육신의 눈이 두 개요,
나머지 두 개는 마음의 눈이다. 육신의 눈
도 중요하지만 마음의 눈이 더 밝아야 한다.

영국의 극작가이자 소설가인 버나드 쇼가 어느 날 조
각가인 로댕의 작품을 무조건 싫어하는 사람들을 초대해서 한
장의 데생 작품을 보여 주면서 말했다. "이것은 최근에 구한
로댕의 작품입니다."

이 말을 들은 사람들은 다투어가면서 혹평하기 시작
했다. 그러자 쇼는 기다렸다는 듯이 한마디 했다. "아참, 이것
은 로댕이 아니라 미켈란 젤로의 작품이었는데……."

버나드 쇼의 말에 다른 사람들은 계면쩍어 하면서 이렇게 말을 했다.

"어쩐지!"

마음의 눈을 감으면 진실을 볼 수 없고, 진리를 발견할 수 없다. 사람을 판단하기 전에, 어떤 사건을 판단할 때 자신의 잣대로 무조건 재단하려고 하지 말고, 마음의 눈을 뜨고 진실과 진리를 보려고 노력하라. ✝

버나드쇼의 명언

- 살아 있는 실패작은 죽은 걸작보다 낫다.
- 너무나 자유로운 것도 스스로를 결박하는 것이다.
- 인간이 현명해지는 것은 경험에 의해서가 아니라, 경험에 대처하는 능력에 따라서다.
- 나는 젊었을 때 10번 시도하면 9번 실패했다. 그래서 10번씩 시도했다.
- 민주주의는 부패한 소수가 정하던 것을 무능한 다수가 대체했다.
- 다시 산다면 나는, 내가 될 수도 있지만, 한 번도 되어보지 못한 사람이 되고 싶다.
- 우물쭈물하다. 내 이럴 줄 알았다. I knew if I stayed around long enough, something like this would happen

딸의 진정한 행복
- 펄 벅

　　미국의 여류 소설가 펄 벅 여사에게는 딸이 두 명 있었다. 그러나 불행히도 큰딸 캐롤은 정신 박약아였다. 언제부터인지 지능 발달이 멈춰 버린 것이다. 그것을 알게 된 그녀는 한동안 충격에 휩싸였다.

　　그러나 충격이 조금 가라앉자 그녀는 딸의 장래에 대해 생각하지 않을 수 없었다. 딸에게 한 글자라도 더 가르쳐 보려고 열심히 노력했다. 한 글자를 알면 그만큼 딸의 지능이 좋아질 것만 같았다. 그래서 하루 종일 딸 곁에 붙어서 가르치고 또 가르쳤다.

그러던 어느 날 펄 벅 여사는 문득 정신이 번쩍 들었다. 그것은 연필을 쥐고 있는 어린 딸의 손이 땀으로 흠뻑 젖어 있는 것을 보았기 때문이다.

'아, 내가 무엇을 하고 있는 건가! 이건 잘못하고 있는 거야. 이 아이는 나를 기쁘게 해 주려고 이렇게 최선을 다하고 있구나. 그렇지만 이렇게 해서 글자를 깨우치고 나면 이 아이가 행복해질까?'

그제야 그녀는 글자나 숫자를 무리하게 가르치는 것으로는 결코 딸이 행복해질 수 없음을 알게 되었다. 그녀는 딸이 뛰어다니며 밝게 웃던 모습을 생각해 내고 딸에게 진정으로 필요한 것이 무엇인지 알게 되었다. ✝

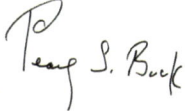

펄 벅
(Pearl Sydenstricker Buck, 1892년~1973)

미국의 여성 작가로는 처음으로 노벨 문학상(수상작, 「대지」 3부작)을 수상했다. 1917년, 중국의 세계적인 농업 연구가인 존 로싱 벅 박사와 결혼을 하였다. 그들 사이에는 두 딸이 있었는데, 큰 딸은 정신지체장애인이었다. 이 딸은 「대지」에서 왕룽의 딸로 그려져 있다. 그는 사회사업에도 지대한 관심을 보였다. 펄 벅 재단을 설립하여 전쟁 중 미군으로 인해 아시아 여러 국가에서 태어난 사생아 입양 알선사업을 벌이기도 했다.

콜럼버스의 달걀
- 크리스토퍼 콜럼버스

　　콜럼버스는 서쪽으로 계속 가다보면 틀림없이 인도를 발견할 수 있다고 생각했다. 지구가 평평하여 바다의 끝에 이르면 폭포처럼 밑으로 떨어질 것이라고 믿는 선원들을 달래며 콜럼버스는 항해를 계속해 나갔다.

　　1492년 10월, 마침내 육지에 도착한 그는 섬에 내리자마자 스페인 국기를 꽂고 당당히 돌아왔다. 콜럼버스가 7개월 만에 돌아오자, 사람들은 그를 개선장군처럼 맞이했다. 이사벨라 여왕은 그를 위해 큰 환영회를 열어 그의 공적을 치하했다. 그때 한 남자가 나서서 말했다. 그 남자는 스페인 사람도 아니면서 여왕의 신임을 받고 있는 콜럼버스를 미워해 그를 몹시 못마땅해 하고 있었다.

"어느 누구라도 배를 타고 서쪽으로 가면 섬을 발견할 수 있소. 당신이 한 일은 그리 대단한 것이 아니잖소?"

콜럼버스는 조용히 미소를 지으며 일어섰다. "여러분, 이 탁자에 달걀을 세워 볼 수 있는 사람은 나와 주십시오."

사람들이 앞으로 나와 달걀을 세우려 했지만 기우뚱거리며 옆으로 누워버렸다. 그러자 옆에 조용히 서 있던 콜럼버스가 달걀의 끝을 탁자에 가볍게 친 후 탁자에 보란 듯이 세웠다. 사람들은 또 다시 웅성거렸다. 그것 역시 누구나 할 수 있는 일이라는 것이었다.

"그러나 여러분, 제가 이렇게 해보이기 전까지는 아무도 깨닫지 못했습니다. 남이 한 것을 나중에 보면 누구라도 간단하게 할 수 있습니다. 처음으로 한다는 것이 어려운 것입니다. 가장 최초에 할 수 있다는 것이 중요합니다. 우리는 그것을 해내기까지 그 사람이 행한 노고를 잊어서는 안 됩니다." ✝

크리스토퍼 콜럼버스
(Christopher Columbus, 1451년~1506년)

이탈리아 제노바 출신의 탐험가이자 항해가이다. 그는 총 4차례나 유럽에서 아메리카 대륙을 항해하였는데, 아메리카에 상륙한 것은 그 가운데 제1항해 때의 일이다. 제1회 항해 후 이사벨과 페르난도 부부로부터 '신세계의 부왕'으로 임명되었다. 아메리카에서 그가 가져온 금제품이 전 유럽에 센세이션을 일으켰다.

만년필과 메모지 그리고 휴지통
- 알베르트 아인슈타인

　　　　과학의 거인이라 불릴
만큼 세계 역사에서 위대한 과학
자로 손꼽히는 아인슈타인은 과
학적 업적뿐만 아니라 인간적으
로도 배울 점이 많은 사람이었다.

　　　　어느 날 기자가 그를 찾아왔다. 이런저런 질문을 하
던 기자는 위대한 물리학자인 그의 실험실을 한 번 보고 싶다
고 했다.

　　　　"내 실험실은 별로 보여 드릴 게 없습니다만……."
아이슈타인이 이렇게 말했지만 기자는 꼭 한번 그의 실험실을
보고 싶다고 졸랐다. 그는 세계적인 과학자의 실험실이 아주

굉장할 것이라고 생각했다. 첨단 과학장비들로 가득 찬 실험실을 상상하면서 잔뜩 기대하고 있었다. 그런데 그 순간 아인슈타인은 자신의 주머니에서 만년필을 꺼내는 것이었다. 그리고는 웃으며 말했다. "그것은 여기에 있습니다."

기자는 몹시 당황했다. 하지만 침착하게 다시 물었다. "그러면 과학장비 중에서 가장 중요한 것이 무엇인지 보여주십시오."

그러자 아인슈타인은 옆에 있던 휴지통을 가리켰다. "바로 저것입니다."

기자가 어안이 벙벙한 표정으로 바라보자 아인슈타인이 웃으며 대답했다.

"나는 일상생활 중 머릿속에 뭔가가 떠오를 때면 그때마다 잊어버리지 않도록 만년필로 메모를 하고 골똘히 생각합니다. 그러니 연구를 위해 따로 잘 차려진 실험실이 필요하진 않지요. 단지 내겐 그것을 적고 계산할 수 있는 만년필과 필요 없는 메모지를 버릴 수 있는 휴지통만 있으면 됩니다." ‡

행동 자체가 그대의 거울이 되게 하라
- 아르투르 쇼펜하우어

쇼팬하우어가 말했다.

"모든 사람은 자신의 마음 속에 거울을 가지고 있다. 그 거울로 말미암아 자기 자신의 결점과 여러 가지 약점을 확실히 볼 수가 있는 것이다. 그런데 많은 사람들은 이 거울을 향해 개와 같은 짓을 하고 있다. 자기를 향해 짖든가 아니면 물어뜯고 있다."

거울은 보는 사람을 향하여 사실 그대로 보여준다. 거울은 조금도 거짓말을 할 줄 모른다. 웃으면 웃음을, 울면 눈물을 보여준다. 괴로워하면 괴로움을, 아파하면 그 아픔을, 그리고 거짓말을 하면 그 거짓말을 보여준다.

사람의 마음도 마찬가지다. 거울이 흐리지 않으면 스스로 맑듯이 사람의 마음도 그 흐린 것들을 지워 버리면 맑은 그대로의 마음을 바탕으로 하고 있다.

그런데도 사람들은 스스로 애써 그 마음이란 바탕에 괴로움이란 돌들을 던지기에 주저하지 않는다. 그러면서 그 괴로움 속에서 스스로를 소진시키며 허우적거린다. 자기 자신이 던져 놓았던 그 괴로움이란 돌맹이만 집어내 버린다면 그 마음속엔 어느새 잔잔한 평화와 즐거움이 들어온다는 것을 까마득히 모르고 있다. 그대의 행동 자체가 그대의 거울이게 하고 그대의 한마디 말이 그대의 마음이게 하라. ✝

아르투르 쇼펜하우어
(Arthur Schopenhauer, 1788년~1860년)

독일의 철학자로, 염세주의 대표자로 불린다. 이 세상의 본질을 괴로움(苦)이라고 주장한 『의지와 표상(表象)으로서의 세계』를 출간했다. 그의 사상은 부르크하르트, 바그너, 니체, 프로이트 등에 영향을 미쳤다. 그는 종래의 '선(善)'을 최고 원리로 하는 서양사상의 전통 속에서 악(惡)의 부정적 원리를 냉철하게 이끌어냈다.

재치 있는 충고
- 하이데거

독일 남동부에 위치한 바이에른  주의 휴양 도시 베르히테스가덴 광장에서 거리 축제가 열리자 많은 사람들이 몰려들었다. 공연이 시작되자 미처 의자에 앉지 못한 사람들은 발을 꼿꼿하게 모으고 고개를 치켜든 채 구경하고 있었다.

그때 뒷좌석에서 앉아 있던 한 사람이 갑자기 구두를 벗고 의자 위로 올라갔다. 뒤에 서 있던 사람들이 어서 자리에 앉으라고 소리쳤지만 그는 못 들은 척했다. 그러자 그 자리에 있던 철학자 하이데거가 큰소리로 말했다. "여러분, 저 사람은 자기 양말에 큰 구멍이 뚫려 있는지도 모르는 모양입니다. 그 양말로 저렇게 용감하게 의자 위에 올라가니 말이오."

하이데거의 말에 사람들이 웃음을 터트렸다. 그제야 그는 급히 의자에서 내려와 앉았다. 하지만 잠시 후 그는 자리에서 벌떡 일어섰다. "내 양말에 어디 구멍이 있단 말이요? 이렇게 멀쩡한데."

그가 보란 듯 발을 교대로 들어 보이며 말했다. 그의 말대로 양말에는 구멍이 없었다. 그래도 하이데거는 지지 않고 대꾸했다. "당신 눈엔 그렇게 큰 구멍이 안 보인단 말이요?"

"아니, 이 사람이 누굴 바보로 아나? 당신 정말 자꾸 거짓말 할거요?" 화가 머리끝까지 오른 그가 버럭 소리를 질렀다. 그러자 하이데거가 웃으며 말했다. "왜 구멍이 없단 말이요. 양말에 구멍이 없으면 어떻게 발을 집어넣는단 말이요?"✝

하이데거
(Martin Heidegger, 1889년~1976년)

독일의 실존주의 철학자. 그는 대표작인 존재와 시간(Being and time)을 통해 현존재의 의미를 탐구하는 실존론적 철학을 수립하였다. 현존재로부터 존재 자체로 핵심적 주제가 옮겨간 후기 철학에서는 역사적으로 존재 자체가 인간 현존재에게 어떻게 스스로를 나타내는가를 다루고 있다.

당신이 자랑스럽습니다
- 데이비드 패커드

어느 날 휴렛패커드사의 데이비드 패커드가 공장장과 함께 작업장을 둘러보게 되었다. 패커드는 열심히 일하는 직원들에게 격려의 말을 건네며 천천히 발길을 옮겼다. 그러다가 플라스틱을 뽑아내는 형판을 다듬고 있는 한 기술자 앞에서 발걸음을 멈추고는 그가 일하는 모습을 유심히 바라보았다.

그 기술자는 심혈을 기울여 윤기를 잘 낸 플라스틱 금형을 이제 막 마무리하려던 참이었다. 표면 처리가 매끄럽게 잘 된 금형을 본 패커드는 흐뭇한 미소를 지으며 무심코 손으로 만져 보려 했다. 그런데 바로 그 순간 그 기술자가 날카롭게 외쳤다. "손대지 마십시오."

갑작스러운 그의 말에 무안해진 패커드는 얼굴을 붉혔다. 그러자 옆에 있던 공장장이 그를 나무라며 말했다. "자네, 무례하게 왜 이러나? 이분이 누군 줄 알
고 함부로 그렇게 말하는 건가? 우리 회사
의 패커드 회장님이네."

하지만 그 청년은 조금도 놀라는 기색 없이 당당하게
말했다. "이분이 누구든 이 일의 모든 책임과 권한은 제게 있
습니다."

공장장은 청년의 무례한 행동에 패커드가 기분이 상
할까봐 걱정하며 어쩔 줄을 몰랐다. 하지만 패커드는 오히려
청년의 어깨를 두드려 주며 이렇게 말했다.

"미안합니다. 당신 말이 맞습니다. 나는 당신처럼 긍
지를 가진 기술자가 우리 회사에 있다는 것이 자랑스럽습니
다."†

휴렛패커드
(Hewlett-Packard Company: HP)

컴퓨터, 인터넷 · 인트라넷 솔루션, 서비스, 통신제품 및 측정 솔루션 등 여러 첨단 정보
사업 분야에서 탁월한 제품 성능과 AS에서 세계적인 명성을 얻고 있는 초우량 글로벌
기업이다.

난 남편의 있는 그대로의 모습을 좋아해요
- 토머스 칼라일

       역사학자 토마스 칼라일과 제인 웰슈의 결혼식 날, 식장에 모인 사람들은 그들을 쳐다보며 수군대고 있었다. 유복한 의사의 딸로 빼어난 미모뿐 아니라 뛰어난 재능을 갖춘 제인에 비해 칼라일은 모든 면에서 뒤쳐져 보였다. 촌스럽고 둔한 외모에 성격마저 무뚝뚝하고 편협하기로 소문난 칼라일이 아니더라도 제인은 더 훌륭한 배우자를 고를 수 있었다고 사람들은 생각했던 것이다.

       비상한 머리를 가졌지만 아무런 장래가 보장되지 않아 가난과 외로움에 허덕여야 했던 칼라일을 남편으로 맞은 제인은 곧바로 스코틀랜드의 한적한 시골로 이사를 했다. 남편이 방해를 받지 않고 오직 집필에만 전념할 수 있도록 하기 위해서였다. 거기에서 그녀는 옷도 손수 만들었고 농사도 직접 지어야 했다. 또한 위장병으로 고생하는 남편을 간호하면서 언제나 우울해하는 남편의 마음을 밝게 하려고 애썼다.

그러는 동안 칼라일의 저술들은 학계의 관심을 끌기 시작했다. 많은 사람들이 칼라일이 결혼한 후에 뭔가 달라졌을 거라고 생각했다. 그러나 칼라일은 여전히 무뚝뚝하고 자기주장을 꺾을 줄 몰랐다. 다만 그의 아내 제인이 친절하게 손님을 맞는다는 것만이 다를 뿐이었다. 저런 남편과 어떻게 살아왔을까? 말 많은 부인들이 쑥덕거렸지만 제인은 잠자코 있었다.

그녀는 마음속으로 중얼거렸다. '난 남편의 있는 그대로의 모습을 좋아할 뿐입니다. 여러분도 내 남편의 있는 그대로를 받아들여주세요!'

제인의 이러한 믿음은 칼라일을 그저 인품 좋은 학자로 만들지 않았다. 칼라일의 뛰어난 저술들은 오로지 한 가지를 주장하는 그의 독특한 성격과 인내의 결과였다. ✝

토머스 칼라일
(Thomas Carlyle, 1795년~1881년)

영국의 평론가 · 역사가이다. 이상주의적인 사회개혁을 제창하여 19세기 사상계에 큰 영향을 끼쳤다. 저서로는 「의상철학」, 「프랑스 혁명사」, 「영웅 숭배론」, 「과거와 현재」 등이 있다. 1834년 런던으로 이주 후 역사에 관심을 갖기 시작하여, 3권으로 이뤄진 「프랑스 혁명사」를 저술한다. 이 과정에서 존 스튜어트 밀에게 초고를 빌려주었다가 하녀가 불쏘시개로 쓰는 바람에 다시 저술하였다는 이야기가 전한다.

나에게는 그런 부자 아버지가 없잖소
- 록펠러

록펠러는 사업 때문에 워싱턴을 방문했다. 그는 자신이 묵을 호텔로 갔다. 그때 호텔 지배인이 록펠러를 알아보고는 "가장 좋은 방을 드릴까요? 전망이 가장 좋은 방이 있습니다."라고 물어 보았다. 그 지배인은 당연히 가장 편안하고 전망이 좋은 방을 달라고 할 줄 알았던 것이다. 그러나 록펠러는 "이 호텔에서 가장 싼 방을 주시오."라고 말했다. 이 말을 들은 호텔 지배인이 깜짝 놀라며 물었다.

"아니, 당신은 미국을 대표하는 가장 큰 부자 가운데 한 사람인데, 어째서 가장 싼 방을 원하시나요? 그리고 당신의 아들은 언제나 최고급 방만을 원하는데요?" 그러자 록펠러는 웃으면서 "아, 그놈은 부자 아버지라도 있지만 나는 그런 부자 아버지가 없잖소. 나는 내 자식 놈처럼 부자 아버지를 두는 그런 복은 타고나지 못했거든요."라고 대답했다. ✝

피콜로는 어디 갔나
- 미카엘 고스타 경

명지휘자로 유명한 미카엘 고스타 경$^{Sir\ Michael\ Andrew}$ $^{Angus\ Costa}$이 이끄는 오케스트라가 리허설을 하고 있었다. 리허설이란 '예행연습'이라는 뜻으로 연주회를 앞두고 미리 연습하는 것을 말한다.

시간이 흐르면서 연주가 점점 절정을 향해 치닫자 모든 악기는 신들린 듯 흥겹게 자기의 소리를 토해 냈다. 바로 그 순간, 피콜로를 연주하던 악사에게 한 가지 의문이 생겼다.

"백 개나 되는 악기가 이렇게들 큰 소리로 연주되고 있는데, 과연 이 작은 피콜로가 무슨 소용이 있단 말인가? 내가 소리를 내지 않더라도 연주에 별로 지장을 주지 않을 거야."

그는 '피콜로 연주를 잠시 멈추어도 괜찮겠지?'하는 생각으로 연주를 중단하고 말았다. 그러자 미카엘 고스타 경이 즉시 연주를 멈추더니, 큰 소리로 말했다.

"피콜로는 어디 갔나?" ✝

피콜로
(piccolo)

플루트족의 목관악기, 원래는 '작다'는 뜻으로 '작은 플루트'라고도 한다. 플루트의 음 높이보다 더 높은 음을 얻기 위해 만들어진 악기이다. 관의 길이가 플루트의 반이고 음역은 플루트의 1옥타브 위를 낼 수 있다. 관현악에서 특별한 효과를 낼 때 쓰인다.

새로운 발상
- 카를 프리드리히 가우스

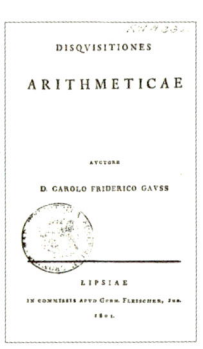

　　천재의 상상력은 보통 사람이 상상하지 못하는 무언가가 있는 듯하지만, 그 과정을 보면 우리가 충분히 이해할 수 있는 것들도 많다.

　　천재적인 수학자 독일의 가우스는 어려서부터 수학에 재능을 보였다. 초등학교 3학년 때의 일이다. 수학 시간에 선생님이 1에서 100까지의 숫자를 모두 합하면 얼마가 되느냐는 문제를 냈다. 선생님은 아무리 빨라도 1시간은 족히 걸릴 것이라고 생각하고는 다른 일을 하고 있었다.

　　학생들은 공책 대신에 쓰이는 연습장에 1+2=3, 3+4=7, 4+5=9처럼 덧셈을 하면서 야단들이었다. 그러나 가우스는 시작한 지 얼마 되지 않아 손을 번쩍 들었다.

자기 일에 골몰했던 선생님은 설마 하는 마음으로 가우스가 보여주는 연습장을 바라보았다. 연습장에는 정확히 5,050이라는 숫자가 적혀 있었다. "너 이런 문제가 나올 줄 미리 알고 집에서 계산해 왔지? 계산한 흔적이라고는 없잖아?"

"아닌데요, 선생님. 방금 계산했어요."라고 말했다.

선생님은 "어떻게 그렇게 빨리 할 수 있었니? 선생님도 그렇게 빨리는 못하는데."

가우스는 자신이 계산한 방법을 선생님께 말씀드렸다. 가우스의 계산법은 이러했다. "첫 숫자 1과 끝 숫자 100을 더하면 101이 된다. 두 번째 숫자 2와 99를 더해도 101이 된다. 3과 98도 101, 4와 97도 101, 합하여 101은 모두 50번이 된다. 그러면 101×50은 5,050이 되는 것이다."†

카를 프리드리히 가우스
(Carl Friedrich Gauss, 1777년~1855년)

독일의 수학자이자 과학자로 정수론, 통계학, 해석학, 미분기하학, 측지학, 정전기학, 천문학, 광학 등의 분야에서 크게 기여하였다.

학문에는 왕도가 없다

- 유클리드

유클리드는 유클리드 기하학을 집대성한 기하학의 창시자로 잘 알려져 있다. 유클리드가 집필한 「원론」은 그리스와 이집트 수학의 성과를 집대성하고 체계화시킨 것으로 수학의 역사에 있어서 불멸의 업적으로 평가 받고 있다.

어느 날 그리스의 프톨레마이오스 왕이 수학을 공부하기 위해 가장 학식 있는 유클리드를 불렀다. 유클리드는 열심히 수학을 가르쳤지만 진척이 없었다. 왕은 기하학이 너무나 어려워 싫증을 느꼈다. 짜증이 난 왕은 유클리드에게 명령했다. "나는 왕이다. 더 간단하게 설명하라."

그러나 유클리드는 왕을 바라보면서 의연하게 대답했다. "기하학에는 왕도가 없습니다."

이 유명한 말은 '학문에는 왕도가 없다.'는 말을 생겨 나게 했다. 아무리 그 사람의 지위가 높아도 배우는 것에는 지름길이 없는 법이다. 배움의 과정은 누구에게나 힘들다. 인내와 자신감을 무기로 한 단계 한 단계 깨달음을 넓혀 나아가야 한다. †

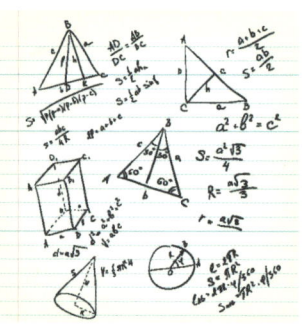

*기하학
(geometry)

공간의 수리적 성질을 연구하는 수학의 한 부문. 기하학은 종합기하학(도형의 개념을 직접 고찰), 해석기하학(기하학적 도형을 좌표 사이의 방정식으로 나타내어 연구) 평면기하학(평면도형에 국한하여 연구), 입체기하학(공간의 도형을 연구) 등으로 분류된다.

유클리드
(Euclid, ?~B.C. 3세기 전반)

B.C. 3세기 전반에 활약한 그리스의 수학자 · 물리학자. 그리스어(語)로는 에우클레이데스(Eukleides)이다. 유클리드의 생애에 대해서는 거의 알려진 것이 없는데, 다만 확실한 것은 알렉산드리아대학의 수학과 교수를 지냈으며 또 유명한 알산드리아 수학학교의 설립자였다는 사실이다. 대표적 저서로는 「스토이케이아」 (기하학원본, 원론 등으로 번역된다) 등이 있다.

천재였던 바보
- 오귀스트 로댕

로댕의 아버지는 주위 사람들에게 언제나 이렇게 말했다. "나는 바보 천치 아들을 두었어."

사람들은 로댕의 아버지가 하는 말에 수긍할 만큼 로댕은 바보스러운 아이였다. 실제로 로댕은 학교에서 가장 열등생으로 지목 받았다. 로댕은 학업 능력이 부족하여 미술학교에 입학하는 데에 세 번이나 실패할 정도였다.

로댕이 장차 미술에서 뛰어난 재능을 나타낼 것이라고 생각한 사람은 아무도 없었다. 로댕의 삼촌도 그를 교육시키는 것은 불가능하다고 말하기까지 했다. 그때까지는 로댕의 잠재적인 재능을 아무도 발견하지 못했다.

하지만 로댕이 자신의 재능을 발휘하기 시작하자 어느 누구보다도 더 훌륭한 조각가가 되었다. 세상에서 완벽한 존재란 없다. 사람은 누구나 성장하고 발전하며 새로운 지식과 재능을 발휘할 가능성을 가지고 있다. 주변의 평가에 의기소침하거나 좌절하지 않고 자기 가능성을 돌아보고 찾아낸다면 누구나 의미 있는 삶을 살 수 있다. 로댕의 경우처럼 천부적인 재능은 그것이 발휘될 때까지 아무도 모른다. ✝

대통령의 어머니 따위는 언제라도 그만두겠다
- 조지 워싱턴

워싱턴이 대통령이 된 후 처음으로 고향인 마운트 버넌을 방문했다. 보통의 어머니 같으면 대통령이 되어 집으로 돌아오는 아들을 맞이하기 위해 집도 수리하고 음식도 장만하여 큰 잔치를 열었을 것이다.

그러나 워싱턴의 어머니인 메리 보울은 평소와 다름없이 소박한 옷차림으로 아들을 맞았다. "조지, 정말 잘 왔다. 나는 지금 너에게 주려고 맛있는 과자를 만들고 있단다."

아들을 반갑게 맞이한 어머니는 빵가루 투성이의 손을 닦으며 부엌으로 들어갔다. 워싱턴을 수행하던 사람들은 너무도 놀랐다. 그러나 워싱턴은 더없이 기쁜 듯 주위 사람들을 번갈아 쳐다보며 말했다.

"여러분, 제 어머니께서 과자를 만들어 주신답니다. 자, 사양 말고 안으로 들어가서 어머니가 만든 과자를 다함께 먹읍시다!"

잠시 후 워싱턴은 조용히 어머니에게 다가가 말하였다. "어머니, 이제 집안일은 직접 하지 않으셔도 돼요. 어려운 일은 하인들을 시키시고 그저 감독만 하세요."

그러자 메리 보울은 고개를 저으며 말했다. "아니다. 대통령이 나온 마을에서 가난한 사람들이 나 때문에 손해를 보거나, 어려운 사람들에게 폐를 끼쳐서는 안 된단다. 그렇게 하면 나는 하나님을 대할 면목이 없어져. 만일 대통령인 네가 끝내 다른 사람을 부리라고 한다면 나는 대통령의 어머니 따위는 언제라도 그만 둘거야!"✝

조지 워싱턴
(George Washington, 1732년~1799년)

미국의 초대 대통령으로 미국 독립전쟁에서 대륙군의 총사령관으로 활동하였다. 미국인들은 그가 미국의 건국과 혁명의 과정에서 주요한 역할을 수행했다는 이유로 "미국 건국의 아버지"라고 부르기도 한다. 초대 대통령으로서 국내 여러 세력의 단합과 헌법의 실현 등에 힘써 신생 미국의 기반을 다지는 데 크게 공헌하였다.

얼룩으로 만든 벽화
- 에드윈 랜시어

19세기 중엽 북스코틀랜드에 멋진 사냥터를 가지고 있던 한 부자가 친구들을 초청했다. 자신의 아름다운 성과 사냥터도 자랑할 겸 사냥 대회를 열어 오랜만에 친구들과 어울리면서 즐기고 싶었기 때문이었다.

주말이 되자 친구들이 하나둘 모여 들었고 성대한 만찬이 이어졌다. 그날 저녁, 흥겨운 음악과 떠들썩한 분위기에 취한 한 친구가 소다수 병을 열다가 그만 실수를 하여 새로 칠한 벽과 천장에 소다수가 모두 튀어 버렸다. 몹시 화가 난 주인은 버럭 소리를 질렀고 분위기가 썰렁해지자 모두들 제각기 방으로 흩어졌다.

소다수는 보기 싫은 누런 반점들을 남기고 말았다. 주말 내내 손님들은 그 마른 자국을 쳐다보며 미안해했다. 특히 사건의 장본인은 얼굴을 제대로 들고 다니지 못했다. 주말이 지나자 친구들은 모두 서둘러 성을 떠났지만, 단 한 사람이 집주인에게 양해를 구하고 그 성에 남았다.

그는 한동안 보기 싫은 벽의 얼룩들을 쳐다보더니 우선 크레용으로, 그 다음에는 목탄으로, 나중에는 유화 물감을 가지고 흉한 얼룩들을 하나씩 멋진 바위로 만들어 버렸다. 그리고 나서는 그 바위에 물거품을 튀기고 있는 냇물을 그렸고 가장 심한 얼룩이 있는 곳에는 달리는 수사슴을 그려 넣었다.

벽화가 완성되자 그는 집주인인 친구를 불렀다. 보기 흉한 얼룩이 멋진 그림으로 변한 것을 보고 만족스러운 미소를 띄우는 주인에게 그는 넌지시 말했다. "지금쯤 그 친구는 매우 상심하고 있을 걸세."

집주인은 고개를 끄덕였고 파티를 다시 열었다. 아름다운 성으로 다시 몰려든 친구들은 그 흉한 얼룩이 멋있는 그림으로 변한 것을 보고 하나같이 감탄하였다. 그리고 집주인과 얼룩을 냈던 친구는 화해를 하였다.

그림을 그려 둘의 화해를 도운 그 사람은 영국의 유명한 동물화가 애드윈 헨리 랜시어 경이었다. ✝

에드윈 랜시어
(Edwin Landseer, 1802년~1873년)

빅토리아 시대 영국에서 가장 뛰어난 동물화가로 동물에 인간의 감정과 미덕을 담았다. 역사화가인 헤이든으로부터 해부학의 중요성을 배웠으며, 이것은 그의 작품세계에 커다란 영향을 주었다. 그는 개, 말, 수사슴 등 동물을 주로 그렸는데, 이러한 동물화는 19세기 랜시어 같은 화가들에 의해 전면에 내세워지기 전까지는 별로 중요하지 않은 특수 장르로 남아 있었다. 그의 그림은 빅토리아 여왕을 비롯한 최상류층 고객의 마음을 사로잡았다.

정중한 답장
- 앨버트 하버트

　　미국의 편집인이며 발행인인 앨버트 하버트는 한때
자유기고 신문기자와 제조회사의 광고책임자를 지내기도 하
였다. 이런 여러 경험을 바탕으로 1893년에는 직접 출판사를
설립하였고, 1895년부터는 매달 「작은 여행」이라는 소책자 시
리즈를 발간했다. 이 책은 유명 인사들에 관한 재미있는 전기
적 수필로서 실제 사실에 대한 논평과 풍자를 적절하게 배합
하여 독자들의 큰 호응을 얻었다.

　　또한 「필리스틴」을 비롯한 많은 잡지를 발행하여 스
스로 집필을 했는데, 그중 미국과 스페인의 전쟁을 교훈으로
삼아 인내의 중요성을 설파한 도덕주의적인 논설 '가르시아에
보내는 편지'가 가장 유명하다.

그의 글은 급진적이면서도 보수적이고, 독창적이고 전위적이어서 독자들의 반발과 사랑을 동시에 받았다. 그러나 그는 입장을 반대하는 사람을 만나면 오히려 그들의 말을 경청하고 솔직한 대화를 나누었기 때문에 그를 배척하는 사람은 그리 많지 않았다.

하루는 그의 글에 격분한 한 독자가 맹렬한 비난의 편지를 보내왔다. 하버트는 진지하게 그 글을 읽고 난 후 잠시 생각에 잠겼다. 이윽고 펜을 들어 단정한 글씨로 답장을 썼다.

"선생님의 진심어린 충고의 편지 잘 받았습니다. 제 자신도 그 글에 전적으로 동의하는 것은 아닙니다. 어제의 제 의견이 오늘의 제 의견과 똑같을 수 없기 때문입니다. 따라서 그 문제에 대한 선생님의 생각을 알고 싶습니다. 만약 저의 집 근처에 오실 기회가 있으시면 꼭 한 번 저를 찾아 주십시오. 저와 함께 이 문제를 진지하게 논의해 봅시다. 비록 멀리 떨어져 있지만 선생님께 악수를 청하고 싶습니다. 솔직한 의견에 진심으로 감사드립니다." ✝

약속을 지킨 가정부
- 페스탈로치

　　스위스의 교육 개혁가인 페스탈로치가 어렸을 때 사
회는 정치인들의 싸움 때문에 몹시 어지러웠고 농촌은 피폐하
였으며 도시는 타락해 있었다.

　　그 와중에서도 그의 아버지는 정직한 의사로서 돈을
벌기보다는 고통스러운 환자를 치료하느라 늘 바빴다. 자신
의 몸은 돌보지 않고 환자의 치료에만 정신을 쏟던 그의 아버
지는 그만 병을 얻어 자리에 눕게 되었다. 온 식구들이 한곳에
모여 있을 때, 아버지는 개미만한 목소리로 바아베리를 불렀
다. 가정부였던 바아베리가 아버지 곁으로 다가갔다.

　　"바아베리, 내 가족들을 예전처럼 앞으로도 잘 돌봐
주길 바란다."

아버지의 들릴 듯 말 듯한 말에 그녀는 "네, 그렇게 하고말고요. 약속하겠습니다." 하고는 앞치마로 눈물을 훔쳤다. 아버지는 마지막으로 가족들을 둘러보시더니 눈을 감았다. 그때, 페스탈로치의 나이는 다섯 살이었다. 아버지의 장례를 치르는 동안 바아베리는 진심으로 슬퍼하며 가족들을 도왔다. 그러나 가족들은 일시적일 거라고 생각했다.

"요즘이 어떤 세상인데 넉넉지도 않은 이 집에 남아서 궂은일을 하겠어요?" 모두들 수군거렸지만 아직 처녀인 그녀는 묵묵히 일했고, 어린 페스탈로치를 친동생처럼 보살펴 주었다. 헌신적이고 희생적인 바아베리를 가족처럼 여기며 생활하던 페스탈로치는 자라면서 가슴에 소중한 꿈을 키워 나갔다.

"사회는 비록 타락했지만 바아베리처럼 훌륭한 사람은 얼마든지 많을 거야. 나도 어려운 사람을 위해 일생을 바칠 거야." 그는 인생의 목표를 세웠고, 그 목표에는 변함이 없었다. ✝

꿈을 키워준 선생님
- 파블로 피카소

1학년 때 로어 선생님은 피카소가 그린 자주색 인디언 천막이 사실적이지 않다고 지적했다. 자주색은 천막과 어울리지 않는 색깔이라는 것이었다. 자주색은 죽은 사람들에게나 쓰는 색이며, 따라서 피카소 그림을 다른 아이들 것과 함께 교실 벽에 걸어 줄 수가 없다는 것이었다.

2학년 때 바르타 선생님은 말씀하셨다. "아무 거나 그리고 싶은 대로 그려라."

무엇을 그리든 자유라는 것이었다. 피카소는 아무것도 그리지 못한 채 백지만 책상 위에 달랑 얹어 놓고 있었다. 선생님이 교실을 한 바퀴 돌아 피카소 자리까지 왔을 때 심장이 콩콩 뛰었다.

바르타 선생님은 피카소 머리를 쓰다듬더니 부드러운 목소리로 말씀하셨다. "온통 하얀 눈이 내렸구나. 정말 멋진 그림이야!"†

파블로 피카소
(Pablo Ruiz y Picasso, 1881년~1973년)

스페인 태생으로 프랑스에서 활동한 입체파 화가이다. 프랑스 미술에 영향을 받아 파리로 이주하였으며 르누아르, 툴루즈, 뭉크, 고갱, 고흐 등 거장들의 영향을 받았다. 초기 청색시대를 거쳐 입체주의 미술양식을 창조하였고 20세기 최고의 거장이 되었다. 〈게르니카〉, 〈아비뇽의 처녀들〉 등의 작품이 유명하다.

가난한 부자

텍사스의 석유재벌이 어떤 박사를 자기 집으로 초대해 저녁을 대접했다. 식사가 끝난 후 그는 자기의 많은 재산을 자랑하고 싶었다. 먼저 옥상으로 가서 거대한 송유관을 가리키면서 말했다.

"박사님, 저것이 모두 제 것입니다. 저는 25년 전 맨손으로 이 나라에 왔지만, 이제는 이렇게 끝도 없는 송유관을 지니게 되었습니다."

그리고는 자동차에 박사를 태우고 한참을 달리더니 수많은 가축 떼를 가리키면서 말했다. "저것도 전부 제 것입니다. 박사님이 지금 보시는 모든 것이 다 제 것입니다."

이렇게 계속 이리저리 돌면서 자랑을 늘어놓았다. 그 재벌은 박사에게 칭송을 듣고 싶었지만 박사는 아무 말도 하지 않았다. 잠시 후 박사는 석유재벌의 어깨에 손을 가볍게 얹고 하늘을 가리키면서 말했다.

"친구여, 이 방향으로는 가진 게 얼마나 있소?"

사람이 얼마나 가졌다는 것은 중요하지 않다. 많이 가졌건, 적게 가졌건 가진 것을 어떻게 쓰느냐가 중요하다. 아무리 많은 재산을 가져도 나누지 않는 사람은 마음이 가난하다. 이런 사람을 '가난한 부자'라고 한다. ✝

값싼 재판
- 시어도어 루스벨트

　　미국의 제26대 대통령 루스벨트가 어느 날, 잡지를 보다가 자신을 형편없는 술주정뱅이로 폄하시킨 기사를 보았다. 놀란 그는 비서관을 불러 이 상황을 어떻게 처리해야 할지 논의했다. 루스벨트는 잠시 생각에 잠겼다. "정식으로 고소를 하세. 그리고 명예훼손으로 손해배상을 청구해야겠네."

　　얼마 뒤, 재판이 열리게 되자 많은 방청객들이 법정을 가득 메웠다. 예민한 문제인 만큼 판사는 신중하게 한 사람 한 사람씩 심문을 하고는 이를 종합하여 배심원들과 논의를 했다. 그리고 드디어 판결이 내려졌다.

　　"귀 잡지사의 기사는 허위로 판명되었으며 개인의 명예를 훼손한 것이 인정되는 바, 귀사는 대통령에게 손해배상금을 지불하시오."

　　판결이 내려지자, 순간 방청석이 술렁이기 시작했다. 모두들 손해배상금을 내고 나면 잡지사는 더 이상 회사를 유지할 수 없을 것이라고 입을 모았다. 그때 판사의 말이 이어졌다. "대통령이 요구한 손해배상금은 1달러입니다. 이만 재판을 마칩니다."

　　방청석은 다시 술렁이기 시작했고, 자기 귀를 의심한 비서관은 루스벨트에게 실망스런 목소리로 물었다. "각하, 명예훼손의 대가가 고작 1달러란 말입니까?" 그러자 대통령은 흐뭇한 미소를 지어 보이며 말했다. "내겐 손해배상금이 의미가 없네. 중요한 것은 진실이야." †

시어도어 루스벨트
(Theodore Roosevelt, 1858년~1919년)

1901년 부통령으로 재임하던 중, 당시 대통령인 윌리엄 매킨리가 임기 중 암살되어 대통령직을 물려받았다. 트루먼 독점금지법을 사용하여 대기업들이 무분별하게 비대해지는 트러스트를 견제함으로써 트러스트의 폐해를 막았다. 러일전쟁을 종식시킨 공로로 노벨 평화상을 받았다.

시간은 기회다
- 존 러스킨

      런던의 부유한 포도주 상인 집안에서 태어나 캘빈주의자인 모친의 엄격하고 청교도적인 교육을 받았던 평론가 러스킨은 시간을 매우 귀중히 여겼다. 그는 자기의 일이 있을 때는 마치 죽은 사람처럼 시간 낭비를 최소화하였다. 그럴 때는 다음과 같은 글귀를 미리 인쇄해 놓고 그에게 편지가 오면 이 인쇄문을 회답으로 보내곤 하였다.

      "러스킨은 현재 매우 중요한 일에 착수하고 있사오니 방문이나 서신에 관해서는, 이제부터 두 달 동안은 소생이 이 세상이 없는 것으로 인정해 주시기 바랍니다."

      시간은 기회다. 시간을 허비하는 것은 기회를 잃는 것이다. 어떤 사람들은 이런 진실을 모르고 아직 젊고 패기가 있기 때문에 여유를 갖고 젊어서는 좀 놀아도 된다는 말을 한다. 이렇게 말을 하는 사람은 기회를 잃고 난 후에야 비로소 후회의 눈물을 흘린다. †

존 러스킨
(John Ruskin, 1819년~1900년)

화려한 예술비평가의 길과 험난한 사회사상가의 길을 걸었던 19세기 영국의 저명한 지식인이다. 그의 관심은 예술을 비롯하여 문학, 자연과학(지질학과 조류학), 정치학, 경제학, 사회학 등 다방면에 걸쳐 있었으며, 작가이자 화가로서도 많은 작품을 남겼다. 어두운 사회경제적 모순을 목도하고 불혹의 나이에 사회사상가로 변모했다.

작은 시간
- 요한 슈트라우스 2세

오스트리아 빈에서 태어난 '왈츠의 왕' 요한 슈트라우스는 시간 절약가로도 유명하다. 그는 비엔나의 어느 식당에서 식사하면서 식탁 위에 놓여 있는 메뉴 뒷장에다 왈츠를 작곡할 정도로 시간을 한 순도 허비하지 않았다.

그러나 그의 부인은 저녁 식탁에서 자기와 대화를 하지 않고 작곡만 한다고 트집을 잡아 그를 버리고 가버렸다. 시간을 아껴 쓸 줄 모르면 자기가 품고 있는 꿈을 실현할 수 없다. 아무리 위대한 사람이라도 시간을 아껴 쓰지 않고 성공한 예는 없다. 이런 사실은 어느 시대나 적용되는 진실이며 진리다.

이런 진실과 진리를 외면하고 자신과 노닥거려 주지 않았다며 요한 슈트라우스를 떠난 그의 아내는 참으로 우둔한 사람이다. 지금도 어디선가에서 시간을 허투로 쓰는 사람들에게 '오늘이 없으면 내일도 없다'는 말을 들려주고 싶다. ✝

요한 슈트라우스 2세
(독일어: Johann Strauß II, 1825년~1899년)

오스트리아의 작곡가로, 아버지 요한 슈트라우스 1세의 아들이다. 가족 모두 빈과 바르츠바 등에서 명성을 쌓은 음악 가족이다. 1870년부터 오페레타를 만들기 시작하였고 〈인디고와 40명의 도적〉으로 성공을 거두었다. '왈츠왕'으로서의 슈트라우스는 500곡이 넘는 왈츠, 폴카, 그 밖의 곡을 남겼다. 왈츠 〈남국의 장미〉, 〈황제 원두곡〉, 폴카 〈피치카토 폴카〉 등도 유명하다.

제 4장

·

현명한 삶을
위한 처세편

미국 대통령은 남의 신발도 닦아야 하나?
- 에이브러햄 링컨

사람은 유머와 위트가 있어야 한다. 유머와 위트가 없는 사람은 여유가 없다. 여유가 없는 사람은 지위고하를 막론하고 자신의 일을 제대로 할 수 없다.

여유는 자신감이며, 에너지다. 자신감을 갖고 자신의 일을 노력하며 추진할 수 있는 에너지만 있다면 어떤 위치에 있든, 어떤 일을 맡고 있든 훌륭히 해낼 것이다. 이 말에 적합한 사람이 바로 링컨이다.

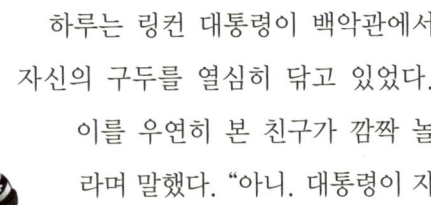

하루는 링컨 대통령이 백악관에서 자신의 구두를 열심히 닦고 있었다. 이를 우연히 본 친구가 깜짝 놀라며 말했다. "아니, 대통령이 자기 신발을 닦다니 말이 되나?"

이 말을 들은 링컨은 의아한 표정을 지으며 되물었다.
"아니 그럼. 미국 대통령은 남의 신발도 닦아야 하나?" ✝

에이브러햄 링컨
(Abraham Lincoln, 1809년~1865년)

미국의 제16대 대통령으로 남북전쟁이라는 거대한 위기로부터 연방을 보존하였다. 1863
년에는 노예해방을 선언했고, 수정 헌법 13조의 통과를 주장하며 노예제를 폐지 시켰다.
링컨은 모든 미국 대통령 중 가장 위대한 대통령으로 꼽히고 있으며 실제 키(193cm)만
큼이나 역사의 거인이라 할 수 있다.

자신의 마음을 두려워하라
- 오토 비스마르크

　　　　독일 제국의 초대 총리로 독
일 통일과 국가 발전에 많은 영향력
을 발휘한 비스마르크가 아들에게 다
음과 같은 편지를 보냈다.

　　　　"내가 오늘 한 일에 대하여
내일 다른 사람들의 여론을 들어보면 태반이 잘못되었다. 그
렇기 때문에 남의 칭찬을 듣는다고 하여 기뻐하지 말고 남의
비난을 받았다고 하여 실망하지도 말아라. 본디 인간은 잘 할
수 없게 되어 있다.

　　　　또 후세에 이름을 남기겠다는 사람도 있으나 지극히
어리석은 생각이다. 지금 나와 함께 있는 사람들도 내 마음을

알아주기 어려운데 어찌 백 년이나 천 년 후의 사람들이 내 마음을 알아줄 것인가. 그러므로, 나는 다만 하느님만이 내 마음을 알아줄 것이라고 믿고 남들이 나를 칭찬하거나 욕을 하거나 그런 것은 아무렇지도 않게 생각한다.

지금의 내가 독일 총리대신이라는 어려운 일을 맡고 있는데, 만일 하느님이 없다고 하면 나는 단 사흘도 견디지 못할 것이다. 세상의 칭찬에 관심을 두지 말라. 오직 하느님으로부터만 칭찬받도록 힘써라."

사람을 두려워하는 사람은 두려워하는 사람 때문에 할 수 있는 것도 못한다고 말을 하는 사람이 있다. 이는 자신의 정체성을 잃은 사람이다. 다른 사람의 눈을 두려워할 것이 아니라 자신의 마음을 두려워해야 한다. ✝

오토 비스마르크
(Otto Eduard Leopold von Bismarck, 1815년~1898년)

독일을 통일시켜 독일 제국을 건설한 프로이센의 외교관이자 정치인이다. 총리 취임 후 첫 연설에서 군비확장을 주장한 '철혈정책' 연설로 큰 반향을 일으켰다. 철혈정책에 따라 군비를 확장하여 1864년, 1866년 전쟁에서 승리하여 오스트리아를 제압하고 프랑스-프로이센 전쟁에서 승리하여 독일 제국을 선포, 통일을 이룩하였다.

성공은 현실의 고통을 인내한 결실
- 장 프랑수아 밀레

화가 밀레는 아내를 잃고 재혼하였다. 재혼 후 경제 사정은 더욱 악화되어 비참하게 되었다. 그는 자기에게 1백 프랑을 가져온 친구에게 말하였다. "이틀 동안 우리는 아무 것도 먹지 못하였네."

그 후 어떤 화상의 말에 따라 누드화를 그렸는데 그림이 잘 팔려 형편이 나아졌다. 그런데, 어느 날 밀레는 그림 전시장 앞에서 두 청년이 하는 말을 들었다.

"저 매혹적인 몃 감는 여인을 보게. 누가 그린 것일까?"

"밀레라는 놈이야. 그는 벌거벗은 여자가 아니면 그리질 않는다네."

　　밀레는 충격을 받았다. 그는 돌아와 아내에게, "고통을 참아줄 수 있다면 이제부터는 단순히 호구지책을 위해서 나체화 따위를 그리지 않겠다. 그리고 내가 좋아하는 '일하는 농부'를 그리겠다"고 했다. 아내는 좋다고 했다.

　　그래서 그에게 특별히 그려달라고 위탁해 온 5백 프랑을 가지고 파리 동남쪽 바로비종 농촌으로 이사한 후 조그만 농가를 새로 얻었다. 헛간을 화실로 만들고, 도시에서 신던 구두를 나막신과 바꾸어 신고 농부가 되었다. 선한 생활을 위하여 고난을 각오하고 나선 것이다. †

장 프랑수아 밀레
(Jean-François Millet, 1814년~1875년)

19세기 프랑스 화가로 독특한 시적 정감과 우수에 찬 분위기가 감도는 농민들의 일상을 그렸다. 〈이삭줍기〉, 〈만종〉, 〈씨 뿌리는 사람〉 등의 작품이 유명하다. 데생과 동판화에도 뛰어나 많은 걸작품을 남겼다.

묵상의 힘
- 하이든

사람들은 무척 궁금했다. 하이든의 음악은 사람들을 기쁘게 만들었다. '어떻게 이런 음악을 만들 수 있을까?' 많은 사람들은 하이든에게 특별한 비법이 있을 것이라고 생각을 했다. 그러던 어느 날 음악을 공부하던 한 사람이 하이든에게 정중하게 물었다. "당신의 교회 음악은 어떻게 해서 그렇게 감동적입니까?"

하이든은 다음과 같이 대답하였다.

"나는 하느님을 묵상할 때면 기쁨이 넘쳐흐릅니다. 그러면 곡조들이 춤을 추면서 떠오르고, 그럴 때마다 펜을 움직여 용서받는 기쁨과 환호하는 영혼으로 주님께 경배 드리는 곡을 만듭니다."

"매일 아침저녁으로 저도 하느님을 묵상하지만 음악은 떠오르지 않던데요."

"하느님을 묵상하는 것은 의무가 아닙니다. 자신의 욕망을 벗어버리고 묵상 자체를 즐기는 것이지요."

"……." ✝

하이든
(Franz Joseph Haydn, 1732년~1809년)

'교향곡의 아버지'라고 불리는 하이든은 18세기 후반의 빈고전파를 대표하는 음악가이다. 주요 작품으로는 현악 4중주곡 〈세레나데〉〈종달새〉, 오라토리오 〈천지 창조〉, 교향곡 〈제45번 고별〉〈제94번 놀람〉〈제100번 군대〉〈제101번 시계〉 등이 있다.

웃음 때문에
- 앤드루 카네기

대공황 시절 카네기는 아주 힘든 시기를 보내고 있었다. 어느 날, 절망에 빠진 카네기는 강물에 몸을 던질 생각으로 집을 나섰다.

강으로 가려고 건물 모퉁이를 돌아섰는데 한 남자가 다리가 없는 몸으로 스케이트보드 위에 앉아 있었다. 카네기가 그냥 지나치려 하자 그 남자는 큰소리로 카네기를 불렀다. 그리고는 환하게 웃으며 말했다. "선생님, 연필이 필요하지 않습니까?"

그가 구걸을 하는 것이라고 생각한 카네기는 주머니를 뒤져 1달러를 그 남자에게 주고 계속 앞으로 걸어 나갔다. 그러자 그 남자는 스케이트보드를 굴려 카네기를 따라오며 소리쳤다. "잠깐만요! 연필을 안 받으셨는데요."

절망에 빠져있던 카네기의 귀에 그 말
이 들어올 리가 없었다. 그러나 그 남자는 터덜
터덜 걷는 카네기를 계속 따라오며 연필을 받
으라고 했다. 카네기는 손을 내저으며 말했다.
"나는 연필이 필요 없습니다."

"그럼, 돈을 돌려 받으셔야죠." 카네기는 돈도 필요
없다며 가지라고 했지만 남자는 카네기가 강에 이를 때까지
연필을 받든지 돈을 돌려받든지 하라며 계속 따라왔다.

마침내 카네기는 그 남자에게서 연필을 건네받았다.
그 순간 카네기를 죽고 싶은 생각이 없어졌다는 것을 깨달았
다. 그것은 카네기가 줄곧 울상을 짓고 강까지 걸어오는 동안
자신을 따라온 그 남자 때문이었다. 그는 분명 가난하고 힘들
게 살고 있을 텐데 자신을 따라오는 내내 활짝 웃고 있었던 것
이다. ✝

그 어머니에 그 아들
- 닐 루딘스틴

하버드대학의 총장을 역임했던 닐 루딘스틴은 처음 총장이 될 당시 주위에서 이런저런 말들이 많았다. 전통적으로 하버드대학의 총장이 된 사람들은 대부분 명문가 출신이었다.

하지만 루딘스틴의 집안은 그리 좋은 편이 아니었다. 그의 아버지는 유태계 러시아인이었고, 어머니는 이탈리아 출신의 식당 종업원이었다. 게다가 그는 하버드대학 출신도 아니었기 때문에 사람들은 무언가 비리가 숨어 있을 것이라고 수군거렸다.

그러나 루딘스틴은 그런 이야기들에 전혀 아랑곳하지 않았으며, 자신의 부모님을 자랑스러워했고 하버드대학을 위해 자신이 해야 할 일들을 묵묵히 해 나갔다.

루딘스틴의 어머니는 아들이 미국 최고의 명문 대학 총장이 되었는데도 예전의 생활과 전혀 다르지 않게 허름한 식당에서 종업원으로 일하고 있었다. 그의 어머니가 식당 일을 계속하고 있는 것을 알게 된 기자들은 어느 날, 루딘스틴의 어머니를 찾아가 취재를 했다. "식당 일은 언제 그만두실 겁니까?"

그러자 루딘스틴의 어머니는 웃으며 대답했다. "내 아들은 자기 일에 최선을 다하여 하버드대학의 총장이 되었어요. 그러니 나도 맡은 바 내 일에 최선을 다해야지요. 만일 내 아들이 대통령이 된다 하더라도 나는 내가 하던 일을 계속할 것입니다." ╬

고객 한 명을 얻으면 이백 오십 명의 고객을 얻는 것과 같다

- 조 지라드

하루 평균 여섯 대, 12년 동안 무려 1만 3천여 대를 팔아 12년 연속 기네스북에 오른 미국의 자동차 세일즈맨이 조 지라드이다. 그의 성공은 한 사람을 만나도 늘 250명의 고객을 만나는 것과 같이 한 데서 시작했다.

어느 날 파티에 참석한 지라드는 우연히 사람들의 숫자를 세었다. 약 250명이었다. 그런데 다른 파티에 갔을 때 그곳에 모인 사람들 역시 250명 정도였다. 지라드는 뭔가 이상하다는 생각에 파티라는 파티는 다 찾아다니며 사람들의 숫자를 세기 시작했다.

과연 어느 파티에든 250명 정도의 사람들이 모여 있었다. 그는 곧 250명이라는 공통된 숫자가 가지는 의미를 찾아낸 것이다. 바로 한 사람의 인간관계 범위가 250명이나 된다는 사실이었다.

그는 이것을 바로 자신의 자동차 세일즈에 적용해 "한 명의 고객을 얻으면 이백오십 명의 고객을 얻는 것과 같다. 바꿔 말하면 내가 한 고객에게 신뢰를 잃으면 그것은 곧 이백오십 명의 고객을 잃는 것이다"라고 생각한 것이다.

지라드는 고객에게 파는 자동차보다 더 나은 차를 타지 않았으며, 고객이 상담 중에 담배를 찾느라 주머니를 뒤적일 때는 재빨리 열 가지 종류의 담배를 꺼내 놓았다. 고객이 담배를 선택하면 담뱃갑을 뜯어 불을 붙여 주고 남은 담배는 고객의 주머니에 넣어 주었는데 이때 자기 이름이 인쇄된 성냥갑도 함께 넣어 주었다.

그는 자동차를 팔기 전에 먼저 팔아야 할 것이 세일즈맨 자신이라고 생각했다. †

위스키와 헤밍웨이
- 어니스트 헤밍웨이

「무기여 잘 있거라」, 「누구를 위하여 종은 울리나」, 「노인과 바다」의 저자 헤밍웨이는 훌륭한 문학작품뿐만 아니라 멋진 수염을 기르는 사나이로도 유명했다.

어느 날 미국의 한 위스키 회사 간부가 헤밍웨이를 찾아왔다. 헤밍웨이는 강하고 담대한 아버지의 영향을 많이 받아 사냥과 낚시를 유달리 좋아했지만 술은 그리 좋아하는 편이 아니었다. 때문에 자신을 찾아온 손님을 조금은 의아해했다. 비서를 따라 들어온 손님은 헤밍웨이의 턱수염을 보고 매우 감탄했다.

"선생님은 세상에서 가장 멋진 턱수염을 가지셨습니다. 우리 회사에서는 선생님의 얼굴과 이름을 빌려 광고하는 조건으로 4천 달러와 평생 마실 수 있
는 술을 드리고자 합니다. 허락해 주
십시오."

　　　그 말을 들은 헤밍웨이는 잠
시 생각에 잠겼다. 이 정도의 조건이
면 훌륭하다고 생각한 위스키 회사의 간부는 기다리기 지루한
듯 대답을 재촉했다. "무얼 그리 망설이십니까? 얼굴과 이름
만 빌려 주면 그만인데……."

　　　그러자 헤밍웨이는 무뚝뚝하게 말했다. "유감이군요.
전 그럴 수 없으니 그만 돌아가 주시기 바랍니다."

　　　헤밍웨이의 완강한 말에 당황한 손님이 돌아가자 비
서는 왜 승낙하지 않았는지를 물었다.

　　　"그의 무책임한 말을 믿을 수 없기 때문이야. 얼굴과
이름을 대수롭지 않게 생각하는 회사에 내 얼굴과 이름을 빌
려 줄 수는 없네. 그리고 사람들이 맛없는 위스키를 마시며 나
를 상상한다는 것은 도무지 참을 수 없는 일이네."†

갑부와 1센트
- 샘 월튼

미국을 대표하는 세계적 소매 유통기업은 월마트이다. 이 월마트의 창업자 샘 월튼은 단돈 1센트도 소중히 여기며, 평생 검소한 생활을 실천한 사람이다.

하루는 월튼을 취재하기 위해 모인 기자들이 검소하기로 소문난 그를 시험해 보기로 했다. 월튼이 걸어가는 길에 1센트짜리 동전을 던져 놓고 그가 동전을 줍는지 안 줍는지를 보기로 한 것이다.

기자들이 동전을 던져 놓고 채 1분도 지나지 않아 월튼이 탄 자동차가 나타났다. 자동차에서 내려 걸어오던 월튼은 갑자기 허리를 굽혀 동전을 주웠다. 세계적인 갑부가, 보통 사람들도 소홀히 보아 넘기는 1센트짜리 동전을 주우려고 허

리를 굽혔다는 사실에 기자들은 놀
랐다.

취재가 시작되자 한 기자가
조금 전에 자신들이 한 일에 관한 이
야기를 꺼내며 사과했다. 그러자 월튼은 이렇게 말했다. "나
는 대공황 시기를 겪었고, 어린 시절부터 무엇이든 아끼는 생
활에 익숙해 있습니다. 많은 기업가들이 웬만큼 성공하고 나
면 '나는 할 만큼 했다.'면서 땅을 사 들이는데, 그게 바로 망
하는 지름길이 아니겠습니까?"

월튼은 세계적 갑부가 되어서도 구멍가게 점원으로
시작할 때처럼 허름하지만 편한 옷차림으로 털털거리는 픽업
트럭을 타고 필요한 물건을 직접 사러 다녔다. 네 명의 자녀들
도 수업이 끝나면 가게에서 일해야 했고, 또 아이들에게 신문
배달을 시켰는데, 그것은 손자들에게도 똑같이 시켰다.

그는 자신의 아이들과 손자들에게 '게으른 부자'라는
소리를 들으면 용서하지 않겠다는 말과 함께 1센트의 소중함
을 항상 가르쳤다. ✝

한 통에 4달러
- 존 더스틴 애치볼드

미국 스텐더스 석유회사의 직원인 애치볼드는 '한 통
에 4달러'라는 별명으로 유명했다. 이것은 일에 대한 열정이
남달랐던 그가 출장지의 호텔 숙박부에 자신의 이름을 적으면
서 옆에 작은 글씨로 '한 통에 4달러, 스텐더스 석유 회사입니
다.'라는 문구를 빠뜨리지 않고 기록한 사실이 알려지면서 생
긴 별명이다. 그의 동료들은 "숙박부 이름 옆에 적는 그 한 마
디의 문구가 무슨 의미가 있는가. 그것은 바보 같은 짓이다."
라는 조롱과 야유를 섞어 그의 별명을 불렀다.

그러던 어느 날이었다. 캘리포니아의 한 작은 도시로
출장을 간 그는 늦은 밤이 되어서야 호텔을 찾았다. 그런데 갑
자기 숙박부에 이름만 쓰고 온 것을 깨달았다. 그는 다시 옷을
챙겨 입고 내려가 종업원에게 숙박부를 달라고 하고서는 '한

통에 4달러, 스텐더스 석유회사'라는 말을 꼼꼼하게 적어 넣었다. 그러자 그의 행동을 옆에서 유심히 바라보던 한 신사가 왜 그런 것을 적는지 물었다.

"우리 회사를 조금이라도 많은 사람들에게 알리려는 겁니다. 혹시 이 호텔을 찾은 손님 중에서 갑자기 석유가 필요한 분이 있다면 제 숙박계를 본 종업원들이 우리 회사의 것을 권할 확률이 높지 않습니까?"

그로부터 한 달이 지난 어느 날 애치볼드는 영문도 모른 채 록펠러의 특별 초청을 받았다. 그리고 그는 캘리포니아의 그 호텔에서 만났던 그 신사가 바로 록펠러라는 사실을 알게 되었다. 그곳에서 록펠러는 "당신처럼 일에 열중하는 사원과 함께 일해 보고 싶다."고 제의했다. 그 후에 애치볼드는 석유왕이 되었다. 노력하는 사람 앞에는 거칠 것이 없다. †

용서
- 웰링턴

웰링턴 장군의 부하 중에 상습적으로 탈영을 하는 자가 있었는데 장군은 그에게 사형 선고를 내리기로 마음먹었다. 웰링턴 장군은 침통한 목소리로 그 부하에게 말했다.

"나는 최선을 다해 너를 교육시켰지만 너는 결코 달라지지 않았다. 별 수 없이 그 대가를 받아야 한다."

그렇게 되어 사형 준비를 하고 있는데 갑자기 웰링턴 장군의 보좌관이 이렇게 얘기하는 것이었다. "장군님, 아직 이 사람에게 시도해보지 않은 것이 한 가지 있습니다."

웰링턴 장군은 그것이 무엇이냐고 물었다. "장군님이 시도해본 적이 없는 것은 바로 이 사람을 용서하는 일입니다."

지혜로운 보좌관의 충고를 받아들여 웰링턴 장군은 그 탈영병을 용서했다. 그 후 그는 그런 일을 다시는 되풀이하지 않았고 용맹스럽고 충성스러운 부하가 되었다. ✝

Great Present 085*

빵 도둑과 마을 사람들의 벌금
- 피오렐로 라 과르디아

　　뉴욕 시장을 세 번이나 연임한 피오
렐로 라 과르디아는 경력도 화려하지만, 극
적인 사건을 연출해낸 판사로도 유명하다.

　　과르디아가 즉결심판 법정의 판사로 일하고 있던 어
느 날이었다. 그날은 무척 추운 겨울이었는데, 한 노인이 잡혀
왔다. 빵집에서 빵을 훔친 죄였다. 그 노인은 가족이 굶어죽어
가고 있다고 호소를 했다. "그래도 나는 당신에게 벌을 주어야
만 하오. 법에는 예외가 없소. 그러니 벌금으로 10달러를 내
시오."

　　그러더니 그는 주머니에서 돈을 건네며 말했다. "당
신이 낼 벌금 10달러가 여기 있소. 받으시오. 그리고……."

그는 목소리를 높여 계속 말했다.

"이 법정에 참석한 모든 사람들에게 벌금을 50센트
씩 부과하겠소. 그 이유는 여러분은 살기 위해서 빵을 훔쳐야
만 하는 사람이 있는 이 마을의 주민이기 때문이오. 경사, 당
장 벌금을 거두어 저 노인에게 주시오."

경찰은 모자를 돌려 벌금을 거두었다. 어안이 벙벙해
진 노인은 47달러 50센트를 주머니에 넣고 법정을 나섰다. ✝

억만장자라도 결코 가질 수 없는 것
- 존 데이비슨 록펠러

소년 록펠러는 그 나이 또래 친구와는 다르게 몸집도 크고 매우 튼튼하였다. 그래서 록펠러는 자신이 어른이 된 후에 튼튼한 몸을 바탕으로 큰 부자가 될 거라고 믿었다. 결국 그는 부자가 되었다. 그의 나이 불과 43살 때, 록펠러는 세계에서 가장 큰 회사를 지배하게 된 것이다. 그리고 53살 때는 세계 최고의 부자가 되었다.

그러나 그즈음 그는 점점 몸이 쇠약해져서 지독한 피부병까지 얻게 되었다. 머리카락과 눈썹이 빠지고 몸은 바싹 여위어만 갔다. 1주일에 몇 백만 달러씩 벌어들이는 그의 수입도 소용이 없었다. 그는 몇 조각의 비스켓과 물로 식사를 대신해야 했고 돈벌기에 급급했던 자신을 미워하는 사람이 많았기에 항상 경호원과 동행해야만 했다.

의사들이 록펠러를 진찰한 결과 1년 이상 살 수 없을 것이라는 진단을 내렸고, 신문 지상에는 록펠러의 재산이 누구에게 돌아갈 것인지에 대해서만 비상한 관심을 보였다.

록펠러는 자신의 사망 기사가 미리 준비된 절망 속에서 돈이 전부가 아니라는 것을 깨달았다. 그는 새사람이 되었다. 자신의 막대한 재산으로 가난한 사람들과 불쌍한 사람들을 돕기 시작했다. 그는 '록펠러재단'을 설립해서 많은 자선사업과 의학계를 지원하였다.

그러자 록펠러는 이전의 건강한 몸으로 돌아왔다. 잠도 잘 자게 되고 음식도 잘 먹게 되었다. 그러나 가장 큰 변화는 그의 얼굴에 미소가 돌아온 것이었다. 삶의 기쁨을 깨달은 그는 54살까지만 살 수 있다는 진단과는 다르게 98세의 장수를 누렸다. †

*록펠러재단

록펠러가 1913년 뉴욕에 설립한 재단으로 미국 뉴욕에 있다. 인류복지 증진을 목적으로 설립되었고, 기아 근절, 인구문제, 대학의 발전, 개발도상국 원조 등의 활동을 벌이고 있다.

리스트의 제자가 된 시골 피아니스트
- 프란츠 리스트

헝가리의 음악가 리스트가 어느 시골 마을을 여행하게 되었다. 리스트가 그곳에 도착해보니 마침 마을 극장에서 음악회가 열린다는 포스터가 붙어 있었다.

포스터를 자세히 살펴보니 음악회를 하는 여류 피아니스트가 자신의 제자라고 소개되어 있었다. 그러나 리스트는 그 이름을 전혀 기억할 수가 없었다. 리스트는 숙소로 돌아오면서도 이상한 마음을 떨쳐버릴 수가 없었다.

곧 그 마을에 리스트가 왔다는 소문이 퍼졌다. 이 소문을 듣자 놀란 사람은 바로 그날 연주회를 갖기로 한 여류 피아니스트였다. 사실 그녀는 리스트의 제자가 아닐 뿐더러 얼굴조차 본적이 없었다. 그녀는 시골을 돌아다니면서 연주를 하곤 했는데, 병든 아버지와 나이 어린 아이들을 먹여 살리기 위해서 리스트의 제자라는 거짓 내용의 포스터를 붙인 것이다.

결국 그녀는 리스트를 찾아가 이 사실을 얘기하고 연주회를 중지하겠다고 말했다. 이 말을 들은 리스트는 그녀를 호텔로 데리고 가서는 피아노 앞에 앉혔다. 그리고는 그녀에게 피아노를 쳐보게 했다. 연주를 들은 리스트는 그녀의 연주법과 잘못된 점을 바로 잡아 주었다.

"나는 지금 당신에게 피아노를 가르쳤소. 이로써 당신은 내 제자가 되었고 리스트의 제자로서 오늘밤 연주회를 열 수 있으니 안심하시오."

그날 밤 연주회는 대성황을 이루었다. ✝

죽음을 미리 생각해 보는 자세
- 알프레드 노벨

다이나마이트를 발명해서 일약 거부가 된 스웨덴의 알프레드 노벨은, 어느 날 신문을 읽다가 깜짝 놀랐다. 그 신문에 자신의 사망 기사가 게재되어 있었기 때문이다. 실은 그의 형이었던 루드비히 노벨이 죽은 것을 신문사가 잘못 알았던 것이다.

그러나 노벨에게 충격을 주었던 것은 자신의 사망 기사뿐만 아니라, 그 기사 속에 표현된 자신에 대한 호칭 때문이었다. 그 기사는 이렇게 씌어 있었다.

"다이나마이트란 폭탄을 발명한 '죽음의 상인' 알프레드 노벨 사망하다."

노벨은 사람들이 자기를 '죽음의 상인'이라 부르고 있다는 데 큰 충격을 받았다. 그 이후 노벨은 자신의 죽음과 죽음 이후를 심각하게 생각하기 시작했다. 그리고 마침내 전 재산을 기부하여 인류의 행복과 생명을 위해 기여한 사람에게 큰 상을 주라는 유언을 남기고 세상을 떠났다.

만약 그가 잘못된 사망 기사가 게재된 프랑스 신문을 보지 않았더라면, 다시 말해 자신의 죽음에 대해 생각해 볼 수 있는 계기를 갖지 않았더라면, 그는 그야말로 '죽음의 상인'으로 전락해버리고 말았을 것이다. †

* 다이나마이트는 니트로글리세린을 7% 이상 함유한 고체 폭약이다. 노벨은 액체 니트로글리세린이 너무 민감하여 공업용 폭약으로 적합하지 않다는 걸 알게 되고 규조토에 이것을 흡수시켜 규조토 다이나마이트를 발명했다. 다이나마이트에는 콜로이드 모양과 가루 모양이 있으며 기폭에는 뇌관을 쓴다. 광산, 탄광, 토목공사 등에 널리 이용되고 있다. 탄광용에는 폭발 온도를 낮추기 위해 소금 등을 섞어서 사용한다.

* 노벨상은 다이너마이트의 발명가인 스웨덴의 알프레드 노벨이 1895년 작성한 유언에 따라 매년 인류의 문명 발달에 기여한 사람에게 주어지는 상이다. 1901년부터 노벨 물리학상, 노벨 화학상, 노벨 생리학 · 의학상, 노벨 문학상, 노벨 평화상을 수여했다. 다른 상들은 스웨덴의 스톡홀름에서 수여되는 반면, 노벨 평화상은 노르웨이의 오슬로에서 수여한다.

노벨상은 독창성을 중시한다. 인류에 큰 기여를 한 연구, 발명이 있을 경우 그 아이디어를 맨 처음 제공한 사람에게 상을 준다. 노벨상 수상자는 금으로 된 메달과 표창장, 그리고 노벨 재단의 당해 수익금에 따라 상금을 받는다. 2011년 상금은 스웨덴 크로나로 1천만kr(약 145만 달러)정도였다.

1. 노벨 평화상 (노르웨이 국회 스토르팅의 추천에 의해 구성되는 노벨 위원회에서 결정)

2. 노벨 물리학상 (스웨덴 왕립 고등과학원에서 결정)

3. 노벨 문학상 (스웨덴 아카데미에서 결정)

4. 노벨 화학상 (스웨덴 왕립 고등과학원에서 결정)

5. 노벨 생리학 · 의학상 (카롤린 의학연구소에서 결정)

6. 노벨 경제학상 (스웨덴 왕립 고등과학원에서 결정)

Front　　　　Back

Front　　　　Back

너 자신이 되라
- 존 캘빈 쿨리지

캘빈 쿨리지 대통령이 어느 날 자기 고향 마을의 친구들을 백악관으로 초대했다. 백악관 식탁에서의 매너를 몰라 고민에 빠진 초대 손님들은 쿨리지가 하는 대로 따라 하자고 결론을 내렸다. 이 전략은 그럭저럭 성공을 거두었다.

그런데 식사가 끝나 갈 무렵 커피가 나오자 대통령은 자신의 커피를 커피 잔 받침 접시에 붓는 것이었다. 손님들도 눈치를 보며 따라서 했다. 쿨리지는 거기에 설탕과 크림을 탔다. 손님들도 그대로 했다. 그 다음에 쿨리지는 몸을 굽혀 그 접시를 식탁 밑에 있는 고양이에게 주었다. ✝

꼬마 트럼본 연주자
- 월트 디즈니

미국의 어느 마을에 서커스단이 찾아왔다. 아직 공연 시간이 되지 않았지만 많은 사람들이 막이 오르길 기다리고 있었다. 그때 나비넥타이를 맨 남자가 뒤뚱거리며 무대로 걸어 나왔다.

서커스단 악대는 트럼본 연주자가 갑자기 그만두게 되어 한 사람을 새로 채용해야만 했던 것이다. 하지만 그 자리에 있는 사람들 중에서 트럼본을 불 수 있다고 손을 드는 사람은 아무도 없었다. 잠시 뒤 한 소년이 손을 들었다.

"얘, 네가 정말 트럼본을 불 수 있니?" 밴드 마스터가 의아해하며 물었다. 그러자 소년은 "한번 해보겠습니다." 하더니 트럼본을 받아 들고 악대에 섞였다.

트럼본을 든 소년의 자세가 좀 서툴러 보였지만 밴드 마스터는 곧 악대를 행진시켰다. 그런데 악대는 금방 큰 혼란에 빠져 버렸다. 소년의 트럼본이 엉뚱한 음을 내었기 때문이다. 구경하던 사람들이 키득거리기 시작했고, 얼굴을 잔뜩 찌푸린 밴드 마스터가 행진을 중단 시키더니 그 소년에게 물었다. "너는 트럼본을 불지도 못하면서 왜 거짓말을 했지?"

밴드 마스터가 꾸짖자 소년은 얼굴색 하나 변하지 않고 대답했다. "저는 제가 트럼본을 불 수 있는지 없는지를 몰랐습니다. 여태까지 한 번도 트럼본을 불어 본 적이 없었으니까요."

이 소년이 훗날 미국의 대표적인 테마파크인 디즈니랜드를 만든 월트 디즈니이다. †

월트 디즈니
(Walt Disney, 1901년~1966년)

미국의 애니메이션, 영화감독이자 제작자이며 사업가이다. 만화 영화 〈미키 마우스〉를 만들어 한층 인기가 높아졌다. 그 뒤 〈미키〉, 〈도널드〉 등 많은 만화 영화를 제작하였는데, 삼원색 방식에 의한 최초의 천연색 영화인 〈숲의 아침〉으로 아카데미상을 받았다.

머리를 숙여라
- 벤저민 프랭클린

벤자민 프랭클린은 정치가요, 사상가요, 과학자로서 '미국 독립선언문'을 기초하는 등 미국 역사에서 수많은 업적을 남긴 사람이다.

프랭클린이 젊었을 때의 일이다. 하루는 이웃집에 놀러 갔다가 주인이 일러준 지름길을 따라 돌아오고 있었다. 그런데 길 중간에 자신의 키보다 낮은 들보가 놓여 있었다.

생각에 잠겨 걸어가던 프랭클린에게 멀리서 이웃집 주인이 '머리를 숙여라.'고 외치고 있었다. 그러나 때는 이미 늦어서 그는 들보에 머리를 심하게 부딪치고 말았다. 그 모습을 본 주인이 급히 달려와서 상처 난 프랭클린의 머리를 어루만지면서 이렇게 말했다.

"여보게, 젊은이. 앞으로 세상을 살아가면서 머리를 자주 숙이게. 머리를 숙일수록 부딪치는 일이 적어질 걸세."

이때부터 프랭클린은 이웃집 주인의 말을 가슴 깊이 간직하며 한평생을 '겸허한 자세'로 살았다고 한다. ✝

미국 독립선언문
(The Declaration of Independence)

미국 독립선언은 1776년 7월 4일, 영국의 식민지 상태에 있던 13개의 주가 서로 모여 필라델피아 인디펜던스 홀에서 독립을 선언한 사건을 말한다. 이 사건은 독립선언문에 기록되어 있다.
독립선언이 있은 후 약 8년간에 걸친 싸움 끝에 1783년 9월 3일에 비로소 미국은 영국과 프랑스로부터 이른바 파리조약을 거쳐 완전한 독립을 인정받게 되었다.

다빈치의 모델
- 레오나르도 다빈치

　　레오나르도 다빈치가 〈최후의 만찬〉을 그릴 때, 예수
의 모델을 찾기 위해 무척 애를 썼다. 어느 날 교회에서 용모
가 수려한 한 성가대원을 발견하고는 그를 모델로 하여 그림
을 그리기로 마음먹었다. 그런데 그 청년이 로마로 공부를 하
러 떠나게 되어 모델을 바꾸지 않을 수 없었다. 오랜 세월이
걸려서 〈최후의 만찬〉을 거의 완성하게 되었으나, 다만 한 사
람 유다만을 그리지 못하고 있었다.

　　그러던 어느 날 다빈치는 아주 타락한 모습의 한 인
물을 발견하고는 그를 유다의 모델로 삼아 마침내 그림을 완
성하였다. 그런데 알고 보니, 이 사람은 오래 전 예수의 모델
로 삼으려 했던 바로 그 청년이었다. 이 청년은 유학 시절 방
탕한 생활로 심성이 나빠져 얼굴마저 변해 버렸던 것이다. ✝

*최후의 만찬(The Last Supper)
회벽에 유채와 템페라 / 460×880cm / 산타마리아 델레 그라치에 성당, 밀라노

〈최후희 만찬〉은 예수 그리스도가 십자가에서 죽기 전날, 열두 제자와 함께 만찬을 나눈 매우 낯익은 주제를 전무후무한 방식으로 표현한 작품이다. 레오나르도 다빈치의 독창성과 예리하면서도 정확한 형식미, 숭고한 주제를 다루는 뛰어난 방식 등이 특징인 이 작품은 르네상스 전성기의 가장 뛰어난 작품으로 평가된다.

스스로 노력하지 않는다면 훌륭한 음악가가 될 수 없단다
- 바흐

"여기서 뭘 하는 거냐?" 언제 왔는지 형 크리스토프의 화난 음성이 들려서 놀란 바흐는 급히 악보들을 숨기려 했지만 악보는 이미 형의 손으로 넘어가고 말았다. "형의 악보를 베끼다니. 너 도대체 언제부터 이런 짓을 해 온 거니?"

바흐는 고개를 숙인 채 어쩔 줄을 몰랐다. 바흐는 그 지방에서 유명한 음악가인 형이 책장에 모아 둔 진귀한 악보들을 살짝 꺼내 베끼고는 형이 눈치 채지 못하도록 제자리에 가져다 두곤 했던 것이다. "형, 미안해요. 거의 반 년은 됐을 거예요. 이제 다 되어 가는데."

"뭐라구? 그렇게 오래 되었다구? 어쩐지 이상하다 했더니. 너 형이 이 악보를 얼마나 아끼는지 모르진 않을 테지?"

"형, 용서해 주세요. 저도 형과 같은 훌륭한 음악가가 되고 싶을 뿐이에요." 바흐는 마침내 울음을 터트리고 말았다. 그러자 형이 바흐의 작은 어깨를 감싸주며 말했다.

"바흐야. 남의 악보를 베끼는 일은 나쁜 일이란다. 이 악보들은 형이 보관해 두겠다. 스스로 창조하려고 노력하지 않는다면 훌륭한 음악가 될 수 없어. 넌 반드시 훌륭한 음악가가 될 거야. 형이 너의 꿈을 이루도록 도와주마." †

바흐
(Johann Sebastian Bach; 독일어, 1685년~1750년)

독일의 바로크 음악을 완성시킨 '근대 음악의 아버지'이다. 1714년 궁정 악단의 제1악사가 되었으며, 제61번 〈자 오너라! 이교도의 구세주여〉, 제161번 〈오라! 그대 달콤한 죽음아〉를 작곡했다. 1717년에 케텐으로 옮겼으며 〈브란덴부르크 협주곡〉, 〈소나타와 파르티타〉, 〈조곡〉 등 불멸의 명작이 잇달아 나왔다. 1720년에는 〈프랑스 조곡〉과 〈인센션〉의 대부분과 〈평균율 피아노곡집 제1권〉을 발표했다.

행복의 조건
- 윌 듀런트

역사학자 윌 듀런트는 그의 연구와 학식에서 행복을 찾아보았다. 많은 지식을 쌓았지만 지식만으로 행복할 수 없음을 깨달았다. 여행을 해보았으나 권태만을 느꼈다. 재산을 모아 보았으나 근심과 불화만 발견하였다. 저술에 몰두했지만 피곤하기만 했다.

어느 날, 그는 뜻밖에 참으로 아름다운 장면을 목격하였다. 한 여인이 작은 차 안에서, 잠자고 있는 아기를 팔에 안고 앉아 있었다. 조금 있으니 한 남자가 기차에서 내려 그 여인에게 다가가더니 아기가 깨지 않도록 조심스럽게 여인과 아기에게 입을 맞추는 것이었다.

잠시 후 승용차를 몰고 가는 그들을 지켜보던 듀런트는 가슴에 뭔가가 뭉클 하는 것을 느꼈다. †

세상은 아름답다
- 라빈드라나드 타고르

아름다운 시를 써서 노벨 문학
상을 수상한 타고르는 아름다운 삶을 살
고자 노력했다. 그는 아름다운 시를 썼
을 뿐 아니라, 그의 삶 자체가 잘 짜여진
시였다.

휘엉청 밝은 달이 뜬 어느 날 밤, 나룻배 안에 작은
촛불을 켜 놓고 유명한 철학자 크로체가 쓴 미학 서적을 읽고
있었다. 밤이 깊어 크로체의 난해한 이론에 피곤해진 타고르
는 책을 덮고 촛불을 껐다. 잠자리에 들 생각이었다.

그런데 지금껏 한 번도 보지 못한 것을 발견하게 되
었다. 촛불을 불어 끄는 순간 창문을 통해 달빛이 흘러들었다.

푸른 색의 달빛은 나룻배 안을 가득 채우고 타고르의 마음에
도 가득 찼다.

순간 타고르는 아뜩할 정도로 정신이 들었다. 그것은
놀랍고도 신성한 경험이었다. 그는 잠을 청하려던 마음을 바
꿔 밖으로 나갔다. 고요하다 못해 적막한 밤하늘에 떠 있는 달
은 너무나 아름다웠고, 달빛을 받으며 일렁이는 강물 역시 숨
막히게 흘러갔다. 한참을 뱃전에 기대어 아름다운 광경을 보
던 타고르는 그날 밤 일기에 이렇게 썼다.

"아름다움이 나를 온통 둘러싸고 있었다. 그럼에도 불
구하고 나는 그것을 모르고 아름다움에 대한 책에 파묻혀 있었
다. 아름다움은 책 속에 있는 것이 아니라 세상 속에 있었다.
내가 켜 놓은 작은 촛불이 그 아름다움을 가리고 있었다."†

라빈드라나드 타고르
(Rabindranath Tagore, 1861년~1941년)

인도 벵골 주 캘커타의 저명한 브라만 가문에서 태어났다. 타고르의 작품은 형식면에서
도 현대 인도문학의 거의 전 분야에서 새로운 시도를 한 개척자로 평가된다. 대표작으로
는 시집 〈기탄잘리〉〈초승달〉〈정원사〉, 희곡 〈우체국〉〈암실의 왕〉 등이 있다.

루즈벨트와 메추라기
- 프랭클린 데오도어 루스벨트

　　데오도어 루즈벨트 대통령은 매우 위대한 대통령으로 기억되고 있다. 심지어는 백악관의 시종들조차도 그를 사랑하였다. 어느 날 백악관의 시종인 제임스 아모스의 아내가 우연히 대통령과 대화를 하다가 자기는 메추라기를 한 번도 본적이 없다고 말하였다.

　　그러자 루즈벨트 대통령은 그녀를 위하여 메추라기에 대해 아주 자세히 설명을 해주었다. 어느 날 밤이 깊어 갈 무렵 제임스 아모스의 집(백안관 내에 위치)으로 전화가 왔다. 대통령의 긴급한 전화임을 안 그는 매우 긴장하여 전화를 받았다. "아. 자넨가. 지금 백악관 정원에 메추라기가 앉아 있으니 어서 부인과 함께 나가보게. 아, 글쎄 자네 부인이 메추라기를 본 적이 없다고 하지 않는가."

시간이 흘러서 루즈벨트 대통령이 대
통령직에서 물러나고 민간인의 자격으로 백악관
을 들린 적이 있었다. 백악관 뜰을 거닐며 정원사
들과 청소부들을 마주칠 때마다 그들의 이름을 부
르며 반가워했다.

특히 주방 하녀인 앨리스를 만났을 때, 그녀에게 물
었다. "앨리스, 아직도 옥수수빵을 만드는가?" 그러자 그녀는
하인들을 위해서만 만들지 요즘은 윗분들은 드시지 않는다고
말했다.

"아니 이런. 그 사람들은 진짜 맛을 모르는군. 내가
테프트 대통령을 만나면 말해주지. 그리고 자네가 만든 옥수
수빵을 몇 개 주게, 앨리스?" 그리고는 그 빵을 받아들고는 천
천히 뜯어 먹으며 말하였다. "앨리스, 난 자네가 이 세상에서
가장 빵을 맛있게 만든다고 말하고 싶네. 수고하게."

앨리스는 눈물을 흘리며 그 노신사를 바라보았다. ✝

루스벨트의 명언

• 어쨌거나 시도해 보라.
But above all, try something.

• 새로운 방식을 시도해 보라. 그 방식이 먹혀들지 않는다면 또 다른 수단에 의지해 보라.
It is common sense to take a method and try it. If it fails, admit it frankly and try another.

• 진실하고, 간결하라. 그리고 자리를 잡아라.
Be sincere: be brief: be seated.

• 로프의 맨 끝부분으로 미끄러져 내려간다면, 매듭을 만들어 거기에 매달려라.
When you get to the end of your rope, tie a knot and hang on.

• 우리의 내일을 가로막는 유일한 장애물은 바로 오늘에 대한 회의다.
The only limit to our realization of tomorrow will be our doubts of today.

• 믿음이야말로 성취의 주춧돌이다.
Let us move forward with strong and active faith.

• 보수주의자들은 멀쩡히 두 다리를 갖고서도 결코 앞으로 걷지 못하는 작자들이다.
A conservative is a man with two perfectly good legs who, however, has never learned to walk forward.

기도하는 손

　　　독일의 유명한 어느 화가는 어려서부터 그림을 그리
고 싶었다. 그는 유명한 화가에게 그림을 배우기 위해 집을 나
섰다. 거기에서 자기와 똑같은 생각을 지닌 젊은이를 만나 둘
은 절친한 친구가 되었다.

　　　그들은 모두 가난하였기 때문에 그림공부와 생활을
겸하기가 매우 어려웠다. 화가의 친구는 자기가 먼저 일을 하
겠노라고 하며 먼저 그림공부를 하라고 했다. 그 화가는 그럴
수 없다고 거절하였지만 하도 진심으로 권하여 할 수 없이 그
의 제의를 받아들여 그림공부를 시작했다.

　　　마침내 그 화가의 나무 조각 작품이 팔리는 날이 왔
다. 친구도 그의 화실로 찾아왔다. 그런데, 그 친구의 손을 매

만져 보니 그간의 힘든 노동으로 인해 손가락이 휘고 굳어져 그림을 그릴 수가 없게 되어 버렸다. 그 화가는 커다란 슬픔에 잠겼다.

어느 날 친구가 굵어지고 거칠어진 두 손을 마주잡고 기도하고 있는 모습을 발견하였다. 순간 너무나 벅찬 감동을 느꼈다. '아, 저 손을 그리자. 그래서 온 세상에 나의 감사하는 마음을 보여 주자.'

친구란 인간에게 얼마나 귀중한 존재인가. 친구가 없는 사람은 인생을 틀림없이 잘못 살아온 것이며, 지금도 잘못 사는 사람이다. 친구란 그 사람의 바로미터이다. ✝

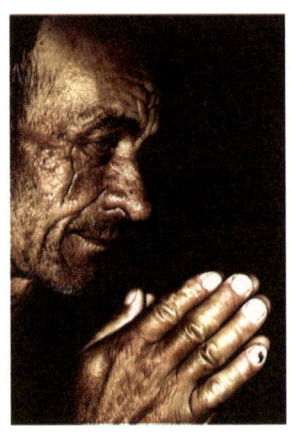

운명을 바꾼 한 권의 책

한 시골 소년이 런던의 어느 큰 교회를 찾아갔다. 소년은 집이 몹시 가난해 더 이상 공부를 할 수 없게 되자 교회의 도서관에서 잔심부름을 하며 그나마 공부도 하고 책도 읽으려고 했다.

소년은 목사가 외출하고 없자 대기실에서 기다렸다. 소년의 등 뒤엔 수많은 책들로 가득했다. 그것을 바라보는 소년의 눈은 반짝였다. 흥분한 소년은 책을 둘러보다가 한쪽 구석에 두껍게 먼지가 쌓인 책 한 권을 발견했다. 볼품이 없는 그 책은 아무도 펼쳐보지 않은 듯했다. 소년은 먼지라도 털 생각으로 책을 꺼냈다가 차츰 그 내용에 빨려들게 되었다.

그 책의 제목은 「동물학」, 저자는 에밀 드 페브리에였다. 소년은 서서 그 책을 열심히 읽었다. 마침내 마지막 장을 읽었을 때 뒷장에 이런 메모가 남겨져 있었다.

"이 책을 끝까지 읽어주셔서 고맙습니다. 이제 곧 런던법원으로 가서 1136호의 서류를 가지십시오."

어리둥절한 소년은 곧장 법원으로 달려가 서류를 받았다. 그런데 놀랍게도 그 서류엔 소년에게 400만 달러의 유산을 상속한다는 내용이 적혀 있었다. 소년은 눈을 비비며 다시금 꼼꼼히 서류를 읽어보았다.

"이것은 나의 유언장입니다. 당신은 나의 저서를 처음으로 읽어주신 분입니다. 나는 평생을 바쳐 동물학을 연구하고 책을 썼지만 아무도 관심을 가져주지 않았습니다. 그래서 한 권의 책만 런던에서 가장 오래된 교회 도서관에 기증하고 나머지는 모두 불살랐습니다. 당신이 그 교회에서 내 유일한 저서를 읽어주셨으니 전 재산을 드리겠습니다."

　　그 사건은 영국에서 큰 화제가 되었다. 모두들 엄청
난 유산에 관심이 쏠렸다. 소년은 페브리에의 뜻을 기려 영국
전역에 도서관을 세웠다. 그리고 좋은 책을 보급하는데 힘썼
으며 가난한 사람들을 도우며 평생을 보냈다. 책 한 권이 소년
에게 놀라운 행운과 변화를 가져왔다. ✝

다이아몬드 담뱃갑과 빵 조각
- 웰링턴

월터루 전쟁에서 나폴레옹을 격파하고, 영국 수상을 역임한 바 있는 웰링턴 장군이 승전 기념일 만찬회에 참석했다. 웰링턴 장군은 다이아몬드 장식이 되어 있는 담뱃갑을 손님들에게 자랑했다.

그런데 만찬회가 끝날 무렵, 그 담뱃갑이 분실되어 만찬회의 분위기는 엉망이 되었다. 한 손님이 모든 손님들의 호주머니를 검사하자고 제의하였고, 모든 참가자들이 이에 동의하였다. 하지만 한 노사관老士官이 반대를 하고 나섰다. 다른 손님들이 이것을 무시하고 끝내 검사를 강행하려 하자, 마침내 그 노사관은 화를 벌컥 내었다.

난처해진 웰링턴 장군이, "자 여러분, 이제 이 일은 없었던 것으로 합시다."라고 말했지만, 노사관은 뚜벅뚜벅 나가 버렸다. 혐의는 물론 노사관에게 씌워 졌지만, 그가 누구이며 어디에서 살고 있는지 아는 사람이 없었다.

　　해가 바뀌어 다음 해에도 그런 모임이 있었다. 웰링턴 장군은 작년 그 기념일 이후에 입어 보지 않았던 그 옷을 꺼내어 무심코 호주머니에 손을 넣었다. 없어진 줄로만 알았던 담뱃갑이 거기에 있는 것이 아닌가. 아연해진 웰링턴 장군이 그 노사관을 백방으로 찾은 결과, 어느 초라한 다락방에 세들어 살고 있었다. 장군은 그 노사관에게, "사실은 나도 당신을 의심하고 있었소. 깊이 사과하오." 그리고 나서 장군이 궁금하게 여겼던 것을 한 가지 물어 보았다. "어째서 그때 모두의 의견에 따르지 않고 억울한 의심을 받았소?"

　　노사관은 얼굴을 붉히며 고백했다. "사실은 그때 내 호주머니에는 먹다 남은 고기 조각과 빵 조각이 들어 있었습니다. 아내와 아이들이 굶고 있었으니까요."†

가장 소중한 것을 아는 사람

- 피츠제럴드

영국의 거부였던 피츠제럴드는 하나뿐인 자식이 열 살이 갓 넘었을 때 아내를 잃었다. 상심이 컸던 그는 아들에게 더욱 정성을 쏟았지만, 애석하게도 아들마저 병을 앓다가 스무 살이 되기 전에 죽고 말았다. 홀로 된 피츠제럴드는 거장들의 예술작품을 수집하며 그 슬픔을 잊으려 노력했다.

세월이 흘러 피츠제럴드도 병으로 죽게 되었는데, 세상을 떠나기 전 그는 유언장에 재산을 어떻게 처분할 것인가를 밝혀 두었다. 그는 자신의 모든 소장품을 경매에 내놓으라고 지시했다. 이 수백만 파운드에 달하는 소장품들은 양적으로나 질적으로나 모두 대단한 것들이었으므로 사려는 사람들이 구름처럼 모여들었다.

예술품들은 경매 전에 관람할 수 있도록 전시되었다. 그런데 그중에 별로 눈에 띄지 않는 그림 한 점이 있었다. 그것은 지방의 무명 화가가 피츠제럴드의 외아들을 그린 '내 사랑하는 아들'이라는 제목의 보잘것없는 그림이었다. 제일 먼저 경매에 붙여진 것이 바로 그 그림이었다. 하지만 아무도 입찰하려 하지 않았다. 그때 뒷자리에 앉아 있던 초라한 모습의 한 노인이 손을 들더니 조용히 말했다. "제가, 그 그림을 사면 안 될까요?"

그는 피츠제럴드의 아들을 어릴 때부터 돌보았던 늙은 하인이었다. 그는 자신이 가진 돈을 모두 털어 그림을 샀다. 그런데 그 순간 변호사는 경매를 중지시킨 다음 큰소리로 피츠제럴드의 유언장을 읽었다.

"누구든지 내 아들의 그림을 사는 사람이 모든 소장품을 가질 것입니다. 이 그림을 선택한다면 그는 가장 소중한 것이 무엇인지 아는 사람이니 모든 것을 가질 충분한 자격이 있습니다." ‡

Memo

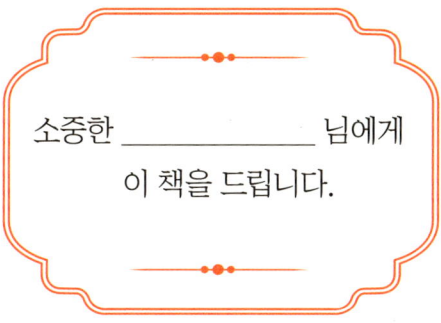

소중한 _____ 님에게
이 책을 드립니다.

고단한 삶에 희망의 등불을 켜자

삼의 지혜를 찾아서

편저자 박승희

발행인 고본화

발 행 반석출판사

2013년 1월 05일 초판 1쇄 인쇄

2013년 1월 10일 초판 1쇄 발행

반석출판사 | www.bansok.co.kr

이메일 | bansok@bansok.co.kr

트위터 | @bansok_books

157-779 서울시 강서구 염창동 240-21 우림블루나인 비즈니스센터 B동 904호

대표전화 02) 2093-3399 **팩 스** 02) 2093-3393

출 판 부 02) 2093-3395 **영업부** 02) 2093-3396

등록번호 제315-2008-000033호

Copyright ⓒ 박승희

ISBN 978-89-7172-693-8 (03320)

고단한 삶에 희망의 등불을 켜자

THE GREAT MESSAGE

삶의 지혜를 찾아서

머리말

그라시안이 전하는 위대한 메시지
THE GREAT MESSAGE

이 책의 원저자인 발타자르 그라시안은 17세기 에스파냐의 작가입니다. 그는 1601년에 아라곤 지방의 조그만 마을에서 태어나 18세 때 예수회의 성직자가 된 후 50년 동안 교단에 종사했습니다.

그 당시 에스파냐 사회는 부패했으며, 나라는 쇠퇴의 조짐이 보이기 시작했습니다. 그런 시기에 그라시안은 인간의 삶에 대해서 고찰하고 '거기에 어떻게 대처해야 하는가.'라는 질문을 던졌습니다.

17세기 에스파냐에서 살았던 그라시안의 지혜는 오늘날에도 빛을 발하고 있습니다. 아니, 사람들의 가치관이 더욱 다양해지고 인간관계가 한층 더 복잡해진 현대에, 실제적인 처세의 지혜를 가르치는 그라시안의 말은 점점 그 가치를 더해가

고 있습니다. 특히 세상의 제일선에서 활동하고 있는 사람에게는 인생의 좋은 지침서가 될 것입니다. 앞으로 세상에 나아가 날갯짓하려는 젊은이들에게는 최고의 길잡이가 되어줄 것입니다.

『신탁필휴』를 번역한 크리스토퍼 무어러는 밴더빌트 대학의 스페인·포르투갈어학과 주임교수로 르네상스 및 바로크 시대의 스페인의 시에 조예가 깊습니다. 그에 의하면 그라시안의 원문은 생략이 많은 간결한 문체로 대구(對句)와 속담, 명언에 빗댄 말이 빈번하게 사용되어 읽는 재미를 더해준다고 합니다.

아무쪼록, 이 책이 험난한 세상을 살아가는 모두에게 도움을 줄 수 있는 귀한 책이 되기를 기원합니다

목차

제1장

·

인간관계를
위한 지혜

Great Message 001*

사랑받고 싶으면 먼저 사랑하라

세상 사람들에게 칭송받는 것은 훌륭한 일이다. 하지만 그보다 더 중요한 것은 사람들에게 사랑받는 일이다. 사람들에게 사랑받는다는 것은 행운보다는 자신의 노력에 달려 있다. 행운에 의해서 시작된 일이라 할지라도 그것을 성취하기 위해서는 노력이 필요하다.

내가 베푼 은혜에 따라서 상대방의 호의도 달라지는 법이다. 최대한 친절하게 사람들을 대하라. 평소 언동에 더욱 신경을 쓰라. 다른 사람에게 사랑받고 싶다면 자신이 먼저 사랑하라. ✝

다른 사람들의 진의를 파악하라

다른 사람이 은연중에 내비치는 진의를 파악하여 교묘하게 이용하라. 그것이 대인관계를 원만하게 해주는 열쇠가 된다. 사람들은 은근히 에둘러서 말해 상대방의 머리가 얼마나 좋은지 시험해보기도 하고, 속마음을 가만히 떠보기도 한다. 타인의 기분이나 생각은 전혀 신경 쓰지도 않은 채 악의에 가득 찬 마음을 은연중에 나타내기도 하고, 질투심이라는 강렬한 독이 발린 마음을 내비치기도 한다.

이는 호의와 존경을 얻고 있는 사람을 일격에 끌어내릴 수 있다. 아주 사소한 비아냥으로 받은 상처가 원인이 되어 추락의 길을 걷게 된 사람도 있다. 그들을 권좌에서 끌어내린 사람들은 불만이 높아지고 통렬한 비난이 쏟아져도 조금도 물러서지 않는다.

이와는 달리 호의가 가득한 마음을 은연중에 내비치는 경우도 있는데, 이는 사람의 명성을 지탱해주는 역할을 한다. 그런데 이러한 호의의 화살을 받기 위해서는 악의에서 쏘아 올린 화살을 받을 때와 마찬가지로 기술이 필요하다. 주의 깊게 기다리고 있다가 신중하게 받아들여야 한다. 적을 아는 것은 최선의 방어책이다. 적이 일격을 가하려고 하면 피할 준비를 하고, 호의를 베풀면 잘 받아들여 내 것으로 만들 준비를 해야 한다. ✝

상대방의 속내를 정확하게 꿰뚫어 보라

상대가 자신의 검은 속내를 교묘한 말이나 정중한 태도로 숨기려 해도, 언제나 정확한 시선으로 그 정체를 꿰뚫어 보아야 한다.

위인이라고 불리는 사람들에게도 결점이 있다. 그 결점은 그가 명성을 얻는 데에 아무런 도움도 되지 않는다. 그런데 사람들은 그 사실을 알지 못한다. 훌륭한 사람처럼 행동하면 틀림없이 성공할 것이라 생각하고 결점까지도 그대로 배우려고 한다. 상대에 영합하고 결점이나 단점까지도 흉내 내려 한다. 위인의 경우에는 눈감아 줄 수 있는 일이라 할지라도 평범한 사람의 경우에는 흠이 된다는 사실을 그들은 결코 알지 못한다. ✝

상대방에게 눈높이를 맞춰야 한다

상대방에게 눈높이를 맞추라. 이것은 프로테우스*가 가르쳐주는 지혜이다. 학자를 대할 때는 학자처럼, 성인聖人을 대할 때는 성인처럼 행동하는 것이다. 바로 이것이 사람들의 마음을 사로잡는 방법이다. 누구나 자신과 비슷한 사람에게는 호의를 갖기 마련이다.

그 사람의 성격을 유심히 관찰해서 파악하고 거기에 자신을 맞추어야 한다. 상대가 성실한 사람이든, 쾌활한 사람이든 그때그때의 상황에 따라서 재치 있게 자신을 바꿔가는 것이다. 특히 다른 사람의 힘에 의지하고 있는 사람은 더더욱 그렇게 하지 않으면 안 된다. ✝

* 그리스 신화에 나오는 '바다의 신'으로 모습을 자유자재로 바꾸는 능력과 예언력을 가지고 있다.

현명한 사람은 다른 사람의 진가를 인정한다

사람은 누구나 다른 사람보다 뛰어난 무엇인가를 가지고 있는 법이다. 각 사람들의 장점을 파악해 두면 여러 가지로 도움이 된다.

현자賢者는 상대방이 누구든 언제나 경의를 품고 사람을 대한다. 그 이유는 모든 사람에게서 좋은 점을 찾아내기 때문이며, 자신이 그 사람보다 부족한 부분이 있을 것이라는 겸손함을 지녔기 때문이다. 어리석은 사람은 상대방이 누구든 그 사람을 경멸한다. 이는 무지한 탓이기도 하고, 다른 사람의 결점을 발견해내고 기뻐하는 성격 탓이기도 하다. ✝

마음에 상처를 쉽게 받으면 원만한 인간관계를 유지하지 못한다

　　마음에 쉽게 상처를 받는 사람은 원만한 인간관계를 유지하지 못하는 경우가 많다. 그들은 친구를 사귀지 못할 뿐 아니라 사소한 일에도 마음이 어지러워지고 남들에게 자신의 나약함을 드러내 보인다. 사사건건 화를 내 주위 사람들을 불안하게 만든다. 그들의 마음은 쉽게 상처 받으며, 조심조심 다가서지 않으면 커다란 상처를 입을 것 같기 때문에 진지하게, 혹은 장난으로라도 상대를 하려는 사람이 없어져 버린다.

　　그런 사람은 남들의 사소한 말이나 대수롭지 않은 일에 바로 화를 낸다. 이들을 상대할 때는 언제나 조마조마한 마음으로 대화를 나눠야 하며, 쉽게 상처받는다는 사실을 늘 염두에 두어야 한다. 그들은 자신이 좋아하는 일만을 추구하기 때문에 다른 사람을 배려하지 못해 결국 혼자 남게 된다. ✝

악평은 순식간에 퍼져 나간다

대중은 수많은 머리를 가진 괴물이다. 사방팔방으로 열린 눈은 적의를 품고 있으며, 수많은 입에서는 중상中傷의 말들이 쏟아져 나온다.

사람들 눈에 띄기 쉬운 약점이나 어리석은 결점은 대중이 선호하는 먹잇감이다. 때로는 질투심에 휩싸인 적대자가 이러한 결점을 교묘하게 날조하기도 한다. 세상에는 험담을 일삼는 사람이 있기 마련인데, 그들은 뻔뻔스러운 거짓말이 아닌 단 한마디의 농담으로도 높은 평가를 얻고 있는 사람의 명성까지 훼손시키곤 한다.

악평은 순식간에 퍼져 나간다. 나쁜 소문일수록 쉽게 믿기 때문인데 그것은 아무리 지우려 해도 쉽게 지워지지 않는다. 한 개의 소문이라도 미연에 방지하는 것이 후에 오명을 씻는 것보다 열 배나 더 간단한 일이다. ✝

자기 자신에 대한 이야기는 하지 않는 것이 좋다

자신에 대한 이야기를 하면 아무래도 자랑이나 자기 비하를 하게 된다. 자랑을 하면 잘난 척한다는 인상을, 비하를 하면 못난 사람이라는 인상을 줄 수 있다. 양쪽 모두 양식良識 없음이 드러나 사람들에게 미움을 사게 될 것이 뻔하다.

친구 사이에서도 자신의 이야기를 하지 않는 것이 좋지만, 지위가 높은 사람들과 이야기할 때는 더욱 조심해야 한다. 그런 위치에 있는 사람은 많은 사람들 앞에서 이야기하는 경우가 많은데 그럴 때 조금이라도 잘난 척하는 모습을 보이면 어리석은 사람으로 취급을 받게 된다.

그리고 함께 자리한 사람에 대해 이야기하는 것도 결코 현명한 처사가 아니다. 입에 발린 소리 혹은 험담을 하게 되어 결국 진퇴양난의 상황에 빠질 수 있기 때문이다. ✝

대화는 간결하고 짧을수록 효과적이다

사람들과 이야기를 할 때 이야깃거리가 언제나 똑같아도 문제지만 과장해서 이야기하는 것도 역시 문제가 아닐 수 없다. 간결한 이야기는 기분을 좋게 해주며 그다지 내용이 없는 이야기라 할지라도 내실이 있는 것처럼 들린다. 물론 짧은 이야기일수록 좋다고 해서 성의 없게 말한다면 모든 것이 엉망이 되어버리고 만다.

예의를 지켜서 간결하게 말하면 많은 것을 얻을 수 있다. 좋은 이야기는 간결하게 말하면 더욱 좋다. 하찮은 이야기라 할지라도 짧게 말하면 그다지 나쁘게 들리지는 않는다. 필요한 포인트만을 잡아서 짧게 이야기하는 편이 여러 가지 것들을 뒤죽박죽 이야기하는 것보다 훨씬 더 효과적이다.

사람의 마음을 편안하게 해주기보다는 떠들썩하게 만들기를 좋아하는 사람들이 있다. 이런 사람들의 이야기는 알맹이가 없는 말들로 장식되어 있을 뿐 그다지 도움이 되지 않기 때문에 제대로 귀 기울여 듣는 이가 아무도 없다.

사려 깊은 사람이라면 자신의 이야기 때문에 상대방이 싫증을 내게 해서는 안 된다. 특히 상대방이 일류 인사일 때는 더더욱 그렇다. 그들은 언제나 바쁘기 때문이다. 이런 사람들의 기분을 상하게 하는 것은 평범한 사람들을 화나게 하는 것보다도 훨씬 더 좋지 않다. 이야기를 잘하고 싶다면 무슨 말이든 짧게 하라. ✝

망각보다 더 강한 복수도 없다

무시하는 방법을 익혀라. 필요한 것이 있을 때 그렇지 않은 척해보는 것도 하나의 방법이다.

복수를 할 때도 상대방을 완전히 무시하는 것이 좋다. 다른 사람이 중상을 할 때는 그것을 묵살해버리는 것이 현명하다. 자신의 결백을 증명하겠다며 글의 힘을 빌려 상대를 비방해서는 안 된다. 기록은 영원히 남기 때문에, 상대방을 혼내주는 것이 아니라 그 사람의 이름이 영원히 남도록 도와주는 꼴이 되어 버릴지도 모른다.

    또한 망각보다 더한 복수도 없다. 하찮은 무리들에
관한 일은 기억 저편으로 밀어내 잊어버려라. 세상에는 구제
할 방법이 없을 정도로 어리석은 자들이 있다. 그들은 이 세상
의 보석이라고 할 수 있는 사람들에게 불을 질러서라도 자신
의 이름을 후세에 남기려고 한다.

    불평불만을 토로하는 자는 무시해버리고 상대해주지
않으면 제풀에 꺾인다. 쓸데없이 반박했다가는 혹독한 일을
당하게 된다. 그렇다고 해서 그런 사람들의 불만을 옳다고 인
정하면 괜히 다른 사람들의 입에 오르내릴지도 모른다.

    어쨌든 나에게 맞서 싸우려는 자가 있다는 것은 행복
한 일이다. 그것은 나의 가치가 인정받고 있다는 사실에 다름
아니다. 상대방의 비난이나 중상으로 상처를 입게 된다 하더
라도, 자신의 가치가 크게 실추되지는 않는다. ✝

불평을 토로하면 불평을 사게 된다

불평을 해봐야 사람들은 동정해주지도, 위로해주지도 않는다. 피해를 당했다며 불평을 털어놓으면, 그것을 들은 사람은 이미 그 사람이 그런 취급을 받았으니 어떤 모욕을 받아도 상관없을 것이라고 생각하게 된다. 지난날의 불만을 이야기하면 그것이 새로운 불평의 씨앗이 된다.

불평을 하는 자는 상대방의 도움을 기대하고 위로해주기를 바라겠지만, 그것을 듣는 사람은 내심 비웃고 심지어 경멸하게 될지도 모른다.

자신에게 수치가 될 만한 일이나 모욕을 당했던 일은 결코 남에게 이야기해서는 안 된다. 이야기해도 좋은 것은 다른 사람에게 받은 호의밖에 없다. ✝

기대감은 오래 남지만 고마움은 바로 잊혀진다

현명한 사람은 다른 사람이 고마워하는 사람보다는 그들에게 필요한 사람이 되려고 한다. 노골적인 감사의 말을 들어도 기뻐하지 않는다. 그보다는 기대감을 예의 바르게 표현하는 편이 훨씬 더 낫다고 생각한다. 기대감은 사람의 마음에 오래도록 남지만 감사의 마음은 바로 잊혀지기 때문이다.

감사하기보다는 의지하도록 하는 편이 훨씬 더 많은 것을 얻을 수 있다. 우물물로 목을 축인 자는 우물에서 떠나버린다. 과즙을 다 짜낸 오렌지는 한낱 쓰레기에 지나지 않는다. 의지하려는 마음이 사라지는 순간 상대의 마음은 급변한다. 공경의 태도는 사라지며 경의도 없어진다. 끊임없이 의존하도록 만들고, 요구를 완전히 들어주지 않는 의존관계를 유지하라. 그렇게 하면 왕의 마음도 사로잡을 수 있다. †

자아도취는 경멸을 부를 뿐이다

자신의 이야기에 그 누구도 감탄하지 않는데 혼자 무아지경에 빠져서 뭘 어쩌자는 말인가? 자기만족은 경멸을 부를 뿐이다. 스스로 자신을 치켜세우면 그것이 쌓여서 언젠가는 자신에게 되돌아오게 된다.

이야기를 할 때, '안 그렇습니까?', '그렇죠?'라며 끊임없이 상대방의 동의를 구하는 사람들이 있다. 자신의 판단에 확신을 갖지 못하고 상대방의 동의나 칭찬을 억지로 끌어내려는 것이다.

허영심이 강한 사람도 마치 메아리와 이야기를 나누고 있는 것처럼 끊임없이 상대방에게 동의를 구한다. 그들이 자신의 이야기에 자신감이 없는 듯한 모습을 보이면 어리석은 자가 곧 '맞습니다!'라며 그들을 구원하는 것이다. ✝

24

험담을 늘어놓으면 더욱 혹독한 험담에 시달린다

험담을 해서는 안 된다. 유명한 사람을 공격함으로써 해서 자신의 이름을 알려서는 안 된다. 비천한 험담은 위트도 그 무엇도 아니다. 그런 얘기를 해봐야 상대는 기뻐하지 않으며 오히려 말한 사람을 싫어하게 될 것이다. 또한 험담의 대상이 된 사람은 언젠가는 이를 되돌려주겠다며 나에 대한 험담을 하기 시작할 것이다. 그렇게 되면 나를 적대시하는 사람만 늘어날 뿐이며, 결국 중과부적衆寡不敵, 힘 한 번 쓰지 못하고 질 것이 뻔하다.

다른 사람의 불행을 기뻐해서는 안 되며, 다른 사람의 실패에 대해 이런저런 비평을 가해서도 안 된다. 험담을 하며 돌아다니는 자는 반드시 미움을 받게 된다. 다른 사람의 험담을 늘어놓는 자는 더욱 혹독한 험담을 듣게 될 것이다. ✝

대접받고 싶으면 먼저 대접하라

다른 사람에게 미움받을 만한 짓을 해서는 안 된다. 일부러 사람들의 반감을 살 만한 짓을 할 필요가 어디 있겠는가? 하지만 가만히 있는데도 사람들에게 미움을 받게 되는 경우도 있는 법이다. 특별한 이유도 없이 다른 사람을 미워하는 자는 세상에 헤아릴 수도 없이 많다. 왜 미워하는지 그들도 그 이유를 알지 못한다.

다른 사람에게 미움받고 싶은 사람은 세상에 아무도 없다. 그런 사람이 있다면 그는 다른 사람에게 불쾌감을 주고 싶어 하는 사람이거나 다른 사람에게 좋지 않은 감정을 품고 있는 사람일 것이다. 일단 증오심이 사람의 마음속에 뿌리를 내리면 악평과 마찬가지로 아무리 씻어내려 해도 좀처럼 깨끗하게 씻어지질 않는다.

이런 사람은 양식 있는 사람을 무서워하며, 험담하는 사람을 경멸하고, 오만한 사람을 모멸하고, 어리석은 자를 혐오한다. 하지만 그런 사람도 매우 뛰어난 인물에게는 경의를 표하는 법이다.

다른 사람이 존중해주기를 바란다면, 우선 자신이 먼저 상대방을 존중해야 한다. 남들이 따뜻하게 대해주기를 바란다면 상대방을 배려하는 마음으로 대해야 한다. ✝

사람에 대해 평가를 내릴 때는 더욱 신중해져라

다른 사람을 지나치게 칭찬하는 것은 그리 현명한 처사가 아니다. 지나친 칭찬은 상대방에게 부담을 주기 때문이다.

칭찬은 호기심을 불러일으키며 기대하는 마음을 갖게 하는데, 후에 그 칭찬이 과대평가에서 나온 것이라는 사실을 알게 되면 기대가 무너졌다는 생각에서 칭찬하던 자와 칭찬받던 자 모두를 한없이 깎아내리게 되는 경우가 흔히 있다.

참으로 뛰어난 자는 다른 사람에 대해 높은 평가를 내릴 때 더욱 신중해져야 한다. 지나친 칭찬도 일종의 거짓말이다. 그 때문에 식견이 없다는 소리를 들을 뿐 아니라 자신에 대한 평가도 떨어지게 된다. ✝

지나치게 상냥한 사람을 경계하라

누구에게나 상냥하게 구는 사람은 다른 사람을 속이려 드는 사람이다. 마법의 약 같은 것을 사용하지 않고서도 마법을 거는 자들이 있다. 모자를 벗어 우아하게 인사하는 모습만으로도 어리석은 사람들을 매료시켜버린다.

이런 사람들은 누구에게나 상냥하게 대하며 신세를 진 일이 있어도 교묘한 말로 상대를 구슬려 흐지부지 넘어간다. 무슨 일이든 가볍게 약속하지만 그것을 지키려 하지 않는다. 그들의 약속은 어리석은 자를 속이기 위한 덫에 불과하다.

지나치게 상냥하게 대하는 것은 상대방을 공경해서가 아니라 흑심을 품고 있기 때문이다. 상대방에게 예의를 표하기 위해서가 아니라 어떤 보답을 기대하는 것일 뿐이다. ✝

존경받고 싶다면 분별력 있게 행동하라

존경받고 싶다면 분별력을 가지고 행동하라. 쓸데없이 잘난 척하거나 능력을 자랑하면 오히려 역효과를 낳을 뿐이다. 참된 인간이 되는 것이 명성을 얻는 정도^{正道}이며, 인간성을 높이려 노력하는 것만이 참된 인간의 도리이다.

정직함만으로는 부족하며, 근면함만으로도 충분치 않다. 그저 정직하기만 하면 재미없는 인간이라고 여겨져 오히려 평판이 나빠질 수도 있다. 인간성을 높이려는 노력을 하고 동시에 자신의 진가를 사람들에게 알리는 기술도 알고 있어야만 한다. ✝

악한 사람에게는 비난하지 마라

삐딱한 시선을 가진 사람들은 다른 사람이 행하는 모든 일을 나쁘게만 보고 비난한다. 격정에 휩싸여서 그러는 것이 아니라 성격상 그러지 않고는 배기지 못하는 것이다. 다른 사람이 이미 해놓은 일을 따지고 들며 하려는 일에도 비난을 쏟아내고 상대방이 누구든 공격을 퍼붓는다.

이런 사람들은 다른 사람을 과장되게 비판한다. 바늘처럼 조그만 과실을 봉처럼 커다란 실수인 듯이 말하고 다니며, 그 봉으로 상대를 때려눕히려고 한다. 이런 자들이 주위에 있다면 낙원도 지옥으로 변해버리고 말 것이다.

이에 반해 선량한 사람들은 무슨 일이든 관대하게 받아들인다. 다른 사람이 어떤 좋지 못한 일을 해도 악의는 없었다거나 조그만 부주의로 실수를 한 것이라고 말하며 상대방을 감싸주려 한다. ✝

다른 사람의 결점을 받아 들이는 게 결국 자신을 위한 길이다

못생긴 사람도 자꾸 보면 그렇게 못생겨 보이지 않는다. 꼭 그 사람에게 의지해야 한다면 자신에게 좋은 점만 보면 된다.

절대로 함께 생활하기 싫은 불쾌한 사람과 함께 생활해야만 하는 경우도 있다. 그런 사람에게 익숙해지기란 매우 어려운 일이지만, 언젠가는 그의 추함이 신경 쓰이지 않을 정도로 익숙해지게 된다.

그리고 일단 익숙해지면 그들이 무슨 짓을 해도 놀라지 않을 것이다. 실제로 불쾌한 일이 일어나도 점점 견딜 수 있게 된다. 함께하고 싶지 않은 사람을 피할 수 있다면 좋겠지만 그럴 수 없다면 그 사람의 결점까지 받아들이는 것이 나를 위해서도 좋은 일이다. ✝

즐거운 대화에 굳이 이론을 제기하지 말라

무슨 일이든 반대를 하면 어리석고 귀찮은 녀석이라고 인식된다. 영리한 사람은 무슨 일에서나 반대의 근거를 발견해낼 수 있지만, 고집스러운 사람은 어리석은 사람이라는 소리를 듣게 되는 법이다.

즐겁게 담소를 나누다가도 이런 사람들이 끼어들면 험악한 논쟁이 벌어진다. 그렇게 되면 직접적인 교류가 없는 사람들은 그를 멀리하게 되며, 친한 친구나 아는 사람들까지도 적으로 돌아서게 될지 모른다. 사람들이 즐겁게 이야기를 나누고 있을 때 굳이 이론異論을 제기하여 언쟁을 일으키는 것만큼 사람의 감정을 해치는 것도 없다.

반대하기만 하는 사람들은 즐거운 시간을 한순간에 망쳐버린다. 이런 사람은 불쾌하고 미워해야 할, 감당하기 어려운 어리석은 자라고밖에 달리 말할 길이 없다. ✝

상대방의 말에 신중하게 반론하라

사람을 화나게 하기 위한 가장 좋은 방법은 상대방의 말에 반론을 제기하는 것이다. 분노에 휩싸여 이성을 잃으면 본심을 드러내게 된다. 이렇게 하면 상대방의 본심을 살필 수 있다.

자신의 말에 반론을 제기하는 사람이 있으면 자제심을 잃고 감정적으로 치닫기 쉽다. 불신을 의식적으로 드러내면 상대방은 자신도 모르게 비밀로 하고 있던 것까지 말하게 되는 법이다. 마음을 쉽게 열려고 하지 않는 사람에게는 이러한 방법을 써서 마음의 문을 열게 할 수 있다. 이렇게 해서 상대방의 진의와 생각을 교묘하게 이끌어내는 것이다.

다른 사람이 애매하게 말을 흐리거나 확실하게 말하지 않는 사실에 대해서 날카롭게 반론을 제기하면 궁지에 몰린 상대방은 가슴 깊은 곳에 숨겨두었던 비밀을 조금씩 털어놓기 시작한다. 교묘하게 설치해놓은 덫에 걸려 모든 것을 털어놓기 마련이다.

사려 깊은 사람이 신중하게 입을 다물고 있으면 상대방은 오히려 침착함을 잃고 제 스스로 말을 꺼내버린다. 상대방의 마음을 알 수 없을 때는 이런 식으로 진의를 파악할 수도 있다.

무슨 일이 있어도 알고 싶은 일이 있다면 일부러라도 의심하는 척하라. 그렇게 하면 마음의 문이라도 열 수 있다. 학교에서도 우수한 학생일수록 교사의 말에 반론을 제기하는 법이다. 그러면 교사는 자신이 옳음을 증명하기 위해서 더욱 열심히 설명하려 들 것이다.

상대방의 말에 신중하게 반론해보라. 그러면 상대방은 내 의심을 풀기 위해서 자세하게 설명을 해준다. †

속내를 드러내는 것과 호의를 베푸는 것은 별개의 문제이다

상대방에게 속내를 완전히 드러낼 필요는 없다. 상대방 역시 모든 것을 숨김없이 이야기하지는 않는다. 피를 나눈 형제나 친구 사이도 그럴 필요는 없으며 커다란 은혜를 베푼 사람에게도 자신을 완전히 드러낼 필요는 없다. 본심을 드러내는 것과 사람에게 호의를 보이는 것은 완전히 별개의 문제이다.

아무리 친밀한 관계에 있는 사이라 할지라도 늘 예외가 있는 법이다. 친구에게도 비밀로 삼고 있는 일 한두 개 정도는 누구에게나 있다. 아들이라고 해서 아버지에게 모든 것을 털어놓지는 않는다.

어떤 비밀을 밝혀야 할지, 밝히지 말아야 할지는 신중하게, 그리고 현명하게 결정해야 한다. ✝

지나친 친밀감과 어리석음은 일맥상통한다

다른 사람과 너무 친하게 지내서는 안 된다. 그리고 상대방이 지나치게 친한 행동을 하도록 해서도 안 된다. 별은 사람들 곁에 가까이 다가오지 않기 때문에 언제까지나 그 빛을 잃지 않는 것이다.

뛰어난 사람에게는 그에 어울리는 위엄이 요구되는데 친밀함은 경멸을 부를 뿐이다. 늘 함께 있으면 존경심을 품기 어려워진다. 이야기를 자주 나누다보면 상대방이 신중하게 숨기고 있던 결점이 눈에 보이기 때문이다.

상대방이 윗사람이라면 위험에 처하게 되고, 아랫사람이라면 위엄을 잃게 된다. 특히 어리석고 예의를 모르는 속물들과 결코 친하게 지내서는 안 된다. 내가 은혜를 베풀어도 그것을 알지 못하고 오히려 그렇게 하는 것이 나의 의무라고 생각하기까지 한다. 지나친 친밀함은 어리석음과 통한다. ✝

사랑 받기보다는 경애 받기 위해 노력하라

　　존경과 사랑은 같은 것이 아니다. 언제나 변함없이 존경 받고 싶다면, 지나치게 사랑받는 것에 대해서는 조금 생각해보아야 한다.

　　애정은 미움 이상으로 자유를 앗아간다. 너무 경외시 되어서도 안 되지만 너무 사랑받아서도 안 된다. 친애하는 마음은 친밀함을 낳고 존경하는 마음을 없애버린다. 사랑 받는 것이 아니라 경애敬愛 받을 수 있도록 해야 한다. ✝

사소한 것에 연연해하지 말라

다른 사람과 이야기할 때, 하나하나 캐물을 필요는 없다. 특히 그다지 유쾌하지 않은 일에 대해서는 더욱 그렇다. 마음에 걸리는 게 있다면 확인할 필요가 있겠지만 그것도 자연스럽게 해야 한다. 대화가 자연스럽게 진행되지 않으면 심문처럼 들릴 수 있기 때문이다. 당당하고 예의 바르게 행동하고 사소한 일에 연연하지 않아야 한다.

사람을 능숙하게 부리기 위해서는 무관심한 척하라. 어떤 문제가 있다 하더라도 웬만한 일은 그냥 눈을 감아주는 것이 좋다. 상대방이 친구나 아는 사람일 때는 물론, 적대자라 할지라도 그렇게 하라. 무슨 일에나 조그만 사실에 연연하면 다른 사람의 기분을 상하게 하는 법이다. 인간으로서의 그릇의 크기는 대체로 그 사람의 태도에서 나타난다. 도량의 크기와 능력에 따라서 그에 어울리는 행동을 하게 되는 법이다. ✝

말뿐인 사람과 행동하는 사람을 구분하라

말뿐인 사람과 실천하는 사람을 구분하려면 정확한 눈이 필요하다. 내 인간성을 제대로 평가해주는 사람과 내 지위를 보고 모여든 사람을 구별하는 것과 같은 이치다.

말만으로 사람의 마음을 끄는 것은 거울에 비친 미끼로 새를 잡으려는 것처럼 어리석다. 바람과 같은 말을 듣고 만족하는 사람은 허영심이 강한 사람들뿐이다. 말이 그 가치를 잃지 않기 위해서는 행동에 의한 뒷받침이 필요하다.

열매를 맺지 못하고 잎만 무성한 나무는 대체로 속이 빈 경우가 많다. 열매를 맺어 이익을 가져다주는 나무와, 그림자밖에 제공하지 못하는 나무를 구분할 줄 알아야 한다. 바람처럼 믿음직스럽지 못한 말을 진심으로 받아들이거나, 번지르르한 겉모습을 액면 그대로 받아들여서는 살아가기 어렵다. ✝

농담처럼 세심한 주의와 테크닉을 필요로 하는 것도 없다

상대방의 농담을 가볍게 흘려버리는 것도 일종의 예의라 할 수 있다. 하지만 반대로 사람을 놀리면 문제에 휩싸이게 된다.

사람들이 모인 자리에서 시종 불쾌한 표정을 짓고 있는 사람은 보기보다 훨씬 더 대하기 어려운 존재다. 세련된 농담은 즐거운 것이며, 유머를 즐긴다는 것은 뛰어난 존재라는 증거이다. 누군가에게 놀림을 받아 화난 모습을 보이면 다른 사람들에게도 놀림을 받게 된다.

농담을 그만두고 화제를 다른 곳으로 바꿔야 할 때가 있다. 농담이 원인이 되어 매우 심각한 문제가 일어나게 되는 경우도 있는 법이다. 농담처럼 세심한 주의와 테크닉을 필요로 하는 것도 없다. 농담을 하기 전에 상대방이 얼마나 농담을 잘 이해하고 있는 사람인지 미리 알고 있어야 한다. ✝

현자는 어떤 말을 듣든지 판단을 유보한다

이 세상은 거짓으로 넘쳐나고 있으니, 타당한 이유가 없다면 쉽게 다른 사람을 믿어서는 안 된다. 앞뒤 가리지 않고 판단을 내리면 뒤에 귀찮은 문제가 발생하며, 그 일에 휘둘려 지치게 된다.

하지만 상대방의 말이 사실인지 아닌지 노골적으로 의심하는 것도 좋지 않은 일이다. 상대방을 거짓말쟁이로 취급하거나 당신이 속고 있다고 말하면 상대방에게 상처를 주게 될 뿐만 아니라 그를 모욕하게 될지도 모르기 때문이다. 뿐만 아니라 더욱 커다란 불이익을 당할 수도 있다.

거짓말쟁이는 이중으로 괴로움을 맛보게 된다. 사람들을 믿지 못할 뿐만 아니라 사람들로부터도 믿음을 얻지 못한다. 현명한 사람은 무슨 말을 듣든 일단 판단을 보류한다. ✝

다른 사람이 베푼 은혜가 반드시 호의는 아니다

아무에게나 은혜를 입어서는 안 된다. 그러다 보면 다른 사람의 노예가 되어 버린다. 자유는 무엇과도 바꿀 수 없는 소중한 것이다. 자유를 잃어서는 안 된다.

다른 사람이 은혜를 베풀었다고 해서 그것을 호의라고 생각해서는 안 된다. 대부분의 경우, 상대방은 그것을 빈틈없이 이용하기 위해서 은혜를 베풀기 때문이다. †

겉모습에 속지 마라

상대방의 겉모습에 속는다면, 이는 속는 사람에게도 좋지 않은 일이다. 물건을 살 때 상품에 속는 것보다는 가격에 속는 편이 그래도 낫지 않은가? 외견에 현혹되어 잡동사니를 손에 넣고 난 후에 땅을 치고 후회해봐야 소용없는 일이다.

상대방이 어떤 사람인지 알고 싶다면 무엇보다도 먼저 주의 깊게 관찰할 필요가 있다. 물건을 고르는 것과 사람의 본성을 꿰뚫어 보는 것은 전혀 다른 차원의 문제이다. 상대방의 성격을 알고 정체를 꿰뚫어 보는 데는 뛰어난 능력이 필요하다. 책을 읽어 지식을 넓히는 것뿐만 아니라 인간성에 대해서도 연구를 해야 한다. ✝

상대를 집어삼킬 듯한 담대한 기백을 지녀라

상대방을 지나치게 높이 보고 겁먹을 필요는 없다. 마음에서부터 지고 들어가 이런저런 생각에 사로잡혀서는 안 된다. 교제가 없을 때는 거물이라고 생각했던 인물과 막상 이야기를 나눠보니 그리 대단하지 사람이어서 실망을 하게 되는 경우가 많다. 누구에게나 한계가 있기 마련이다. 생각이나 성격 면에서 '만약 ~이라면'하는 아쉬움을 가지고 있지 않은 사람은 단 한 명도 없다.

지위가 높은 사람에게는 그에 어울리는 위엄이 갖춰지기 마련이지만 겉보기만큼 뛰어난 자질을 갖춘 사람은 그리 흔하지 않다. 높은 지위에 있는 사람에게는 그 벌로 운명의 신이 재능을 주지 않는 경우가 많기 때문이다.

상상은 언제나 홀로 앞서가 실체 이상의 것을 만들어 낸다. 현실에 존재하는 것뿐만 아니라 존재할지도 모르는 것까지 보기 때문이다. 경험과 이성을 바탕으로 사물을 정확하게 꿰뚫어 보고 상상의 눈으로 본 모습을 정정訂正해야 한다.

자신감이 어리석고 단순한 사람에게도 도움이 되며, 현명하고 용기 있는 자에게는 무엇보다도 강력한 힘이 될 것이다. ✝

제2장

·

일에서
성공하기
위한 지혜

남들과 다른 길을 걷기보다 확실한 길을 걸으라

확실한 방법을 선택하면 독창적이라는 말은 듣지 못하겠지만, 견실堅實하다는 평가는 받을 수 있다. 모든 방면에 정통한 사람이라면 위험을 무릅쓰고서라도 자신의 꿈을 좇을 수 있을 것이다. 하지만 아무것도 모르는 상태에서 위험한 일을 하는 것은 스스로 파멸의 길로 접어드는 것과 다를 바 없다.

무슨 일에서나 정도를 걷는 것이 좋다. 수많은 시험과 시련을 거쳐 검증된 길이니 잘못될 리 없을 것이다. 그 방면에 정통하지 않은 자는 큰 길로 가는 것이 좋다. 지식의 정도와는 상관없이, 남들과 다른 행동을 하기보다는 확실한 길을 선택하는 편이 훨씬 더 안전하다. ✝

어떤 일을 하느냐에 따라 추구해야 할 것이 달라진다

어떤 일을 위해서 필요한 것이 무엇인지 잘 살펴보라. 일이 바뀌면 추구해야 할 것도 달라진다. 그것을 알기 위해서는 지식과 통찰력을 가지고 있어야 한다.

어떤 일에는 용기가, 또 다른 일에는 정교함이 필요한 법이다. 가장 간단한 것은 정직하게 일하기만 하면 되는 일이다. 가장 어려운 것은 뛰어난 기술을 요하는 일이다. 전자는 선천적으로 주어진 능력만으로도 충분히 해낼 수 있지만 후자는 모든 면에서 집중력과 주의력이 요구된다.

높은 자리에 서서 부하들을 움직이는 것도 매우 어려운 일이다. 부하들이 전부 머리가 나쁘다면 그 일은 더욱 어려워진다. 머리가 텅 빈 사람들을 뜻대로 움직이려면 평소보다 두 배 이상의 지혜를 짜내야 한다. 무엇보다 견디기 힘든 것은 하루 종일 똑같은 일을 반복해야만 하는 일이다.

　이에 비해서 아무리 해도 싫증나지 않는 일이 있다. 가령, 의미 있고 내용에도 변화가 많으며 언제나 새로운 기분을 갖게 하는 일은 최고의 일이다. 그리고 많은 사람들이 일치 단결해야만 성취할 수 있는 일이나, 개인의 탁월한 기술이 있어야만 달성할 수 있는 일은 존경의 대상이 된다. ✝

물러나야 할 때를 아는 사람이 아름답다

인생에 있어서 알아두어야 할 중요한 점 중 하나는, 일에 있어서나 그 밖의 모든 일에 있어서 물러날 때를 알아야 한다는 것이다. 그저 시간을 갉아먹을 뿐 그다지 중요하지 않은 일이 있는데, 그런 일에 바쁘게 쫓기면 아무것도 하지 않는 것보다도 훨씬 좋지 않다.

다른 사람의 일에 간섭하지 않는다는 사실만으로는 분별 있는 사람이라고 말할 수 없다. 다른 사람이 자신의 일에도 간섭하지 못하도록 해야 한다. 자신이 가볍게 여겨질 만큼 다른 사람에게 매달려서는 안 된다.

사려 깊고 분별력 있게 행동하여 절도를 지키면 상대방은 언제나 호의를 갖고 나를 대하며 변함없는 존경심을 갖게 된다. ✝

사람들에게 비판을 받으면 명예로운 일이라고 생각하라

다른 사람의 말에 전혀 반론하지 않는 사람을 높이 평가해서는 안 된다. 그런 사람은 상대방을 소중히 생각하는 게 아니라 그저 자신을 사랑하는 것이다. 다른 사람에게 아부하는 사람에게 속아서는 안 된다. 상대방의 입에 발린 소리는 진심으로 받아들이지 말고 엄격하게 책망해야 한다. 사람들에게 비판을 받으면 명예로운 일이라고 생각하라. 특히 상대방이 뛰어난 사람을 가차 없이 비난하는 부류의 사람이라면 더욱 그렇다.

모든 사람들이 자신을 칭찬한다면 한번쯤 의심을 해봐야 한다. 하고 있는 일이 하찮을 수 있기 때문이다. 훌륭한 일은 극소수의 사람들만이 이해하는 경우가 많다. ✝

고집을 피우지 말고 깊이 생각한 뒤에 일을 하라

자신의 생각에만 사로잡혀서 일을 진행시켜서는 안 된다. 깊이 생각한 뒤에 일을 시작하라. 고집 센 사람만큼 유해한 존재도 없다. 고집을 피우는 것은 정황을 제대로 보지 못하고 있다는 증거이다. 그런 사람이 하는 일이 제대로 풀릴 리가 없다.

세상에는 다른 사람들의 의견은 듣지 않고 무슨 일이든 싸움의 씨앗으로 삼으려는 자가 있다. 안하무인격으로 행동하며 꼬투리를 잡아 상대방을 쓰러트리려 한다.

이런 부류의 사람들이 윗자리에 앉게 되면 어처구니없는 일이 벌어진다. 조직을 완전히 분열시키며, 순종적인 사람들마저도 적으로 만든다. 모든 일을 비밀리에 진행시키려 하며 일이 잘 풀리면 자신의 계획이 뛰어났기 때문이라고 자랑한다. 생각에 모순이 있다는 사실을 지적당하면 그 말을 한 사람에게 화를 내며, 비열하기 짝이 없는 방법으로 상대방의 일을 방해하려 든다.

그런 행동을 하면 모든 것이 엉망이 되어버리는데도 그들은 그 사실을 알지 못하거나 알면서도 자신의 체면을 잃지 않기 위해 고집을 피운다.

이런 사람들에게는 혼자서 문제를 해결할 만한 능력이 없다. 자신이 초래한 문제 때문에 쩔쩔매고 있는 그를 보고 다른 사람들은 고소하다는 듯이 웃고 있다. 그들의 지혜라고 해봐야 뻔한 것이다. ✝

어리석은 사람은 결국 자멸하고 만다

자신의 과실에 얽매여 다른 일을 하지 못하는 사람들이 있다. 뭔가 잘못된 부분이 있어도 그것을 끝까지 해내는 것이 자신의 성실함을 보여주는 길이라고 생각한다. 마음 깊은 곳에서는 자신이 틀렸다는 사실을 알고 있으면서도 주위 사람들에게는 자신의 행위에 대해 변명을 한다.

어리석은 짓을 했다 하더라도 처음에는 단순한 부주의라고 넘길 수 있다. 하지만 어리석은 짓을 끝까지 그만두지 않는다면 진짜 어리석은 자로 취급 받을 것이다.

조그만 부주의로 해버린 약속이나 잘못된 결단에 언제까지 얽매여 있어서는 안 된다. 어리석은 생각을 끝내 버리지 못하고 어떻게든 잘 될 것이라는 안일한 생각에 빠져서 억지로 밀고 나가는 사람들이 있다. 이런 사람들은 자신의 어리석음과 함께 자멸의 길을 걷게 된다. ✝

체스의 고수는 상대방보다 한 수를 먼저 읽을 뿐이다

일하는 방식을 끊임없이 바꿔라. 그렇게 하면 주위 사람들, 특히 라이벌은 완전히 당황하며, 호기심을 갖게 되고, 경의를 표하기도 한다. 언제나 본심에 따라서 정직하게 행동하면 상대방이 앞일을 예상하여 선수를 치게 된다. 일직선으로 날아가는 새는 맞추기 쉽지만 이쪽저쪽으로 방향을 바꾸며 나는 새는 쏘아 떨어트리기 어려운 법이다.

그렇다고 해서 매번 본심을 숨긴 채 행동하는 것도 그리 좋은 방법은 아니다. 똑같은 일을 두 번 행하면 속마음이 드러나게 된다. 악의는 빈틈이 보이면 바로 덮치려고 만반의 준비를 한 채 기다리고 있다. 그런 악의의 의표를 찌르기 위해서는 좀 더 교묘한 방법을 써야 한다. 체스의 명인은 상대방의 의도를 한 수 앞서 읽는다. 적이 생각한 대로 말을 움직이는 것은 패배의 지름길이다. ✝

기대의 씨앗을 끊임없이 뿌려라

다른 사람의 가슴에 끊임없이 기대의 씨앗을 뿌려라. 뛰어난 역량을 발휘하면 사람들의 기대감은 높아질 것이며, 뛰어난 일을 하면 사람들은 당신이 더욱 훌륭한 업적을 거둘 것이라는 기대감을 품게 될 것이다.

힘을 적절히 조절하고, 지식을 조금씩 내보이며, 성공을 향해서 조금씩 나아가는 것이 바로 다른 사람에게 기대감을 계속 품게 하는 요령이다. †

결단은 빨리 내릴수록 좋다

좀처럼 결단을 내리지 못해 다른 사람의 도움을 필요로 하는 사람들이 있다. 때로는 몰라서가 아니라 어떻게 해야 할지는 알고 있지만, 실천력이 부족해서 망설이는 경우도 있다. 어려움을 예측하는 것도 재능이지만, 어려움을 회피할 수 있는 길을 찾아내 실천하는 것은 더욱 뛰어난 능력이다.

반면에 그 무엇에도 휘둘리지 않고 생각한 대로 행동하는, 굳은 판단력과 결단력을 겸비한 사람도 있다. 그들은 높은 지위에 오르기 위해 태어났으며 명석한 두뇌로 쉽게 성공을 거둔다. 말하기가 무섭게 행동에 옮기며, 여유롭게 일을 끝마친다. 그들은 자신의 행운을 확신하고 더욱 자신감을 얻어 적극적이고 과감하게 전진해나가는 것이다. ✝

위업을 달성해도 결코 내세우지 마라

그리 대단한 일을 하지도 않으면서 자신의 일을 자랑하듯 공공연하게 떠들고 다니는 자가 있다. 무슨 일이든지 요령이 있다는 둥, 일정한 기간이 필요하다는 둥 잘난 척 떠들어대면서 좀처럼 일에 몰두하려 들지 않는다.

기회만 있으면 공적을 자신의 것으로 만들고 싶어 하며, 미물인 개미처럼 억척스럽게 영예를 쌓아두려 하는 자가 있다. 아무리 뛰어난 재능을 가지고 있다 하더라도 그것을 자랑해서는 안 된다. 일을 훌륭하게 해냈다는 사실에 만족하고, 그 일에 대한 평가는 다른 사람들에게 맡기면 된다.

위업을 달성했다 하더라도 입을 다물고 있어야 한다. 그것을 내세워서는 안 된다. 자신의 업적을 자랑스럽게 떠들어대면 오히려 사람들에게 반감을 살 뿐이다. ✝

시류에 편승하는 것들로부터 자신을 지켜라

바람직하지 못한 평을 듣고 있는 것들에 관심을 가질 필요가 없다. 명성을 얻기는커녕 비웃음을 사게 될지도 모를 황당무계한 이야기에 귀를 기울이면 더더욱 위험하다.

세상에는 일시적인 시류에 의해서 설립된 여러 가지 주의와 주장을 내건 단체와 무리들이 헤아릴 수도 없이 많다. 양식 있는 사람이라면 이런 사람들과는 절대로 관계를 맺지 말아야 할 것이다.

또한 세상에는 이상한 취향을 갖고 있는 사람들이 있는데 그들은 지혜로운 자들이 거들떠보지도 않는 일에만 손을 대려 한다. 기발한 것이라면 무엇이든 좋아하며 그 덕분에 세상에 이름을 알리기는 하지만, 그것은 비웃음거리가 될 뿐 명성을 높이는 것과는 거리가 멀다. ✝

맨 처음 시작하는 사람이 첫 번째가 될 확률이 높다

다른 조건이 비슷한 상황이라면 가장 먼저 행동한 사람이 우위에 서게 된다. 그 일을 먼저 시작한 사람이 없었다면 그 분야에서 일인자로서의 명성을 마음껏 누릴 것이다. 가장 처음 시작한 사람이 명성의 장자長子로서 그 은혜를 홀로 독차지하게 되며, 그 뒤를 잇는 사람들은 나날의 식량을 얻기 위해서 뒤를 쫓아가는 정도 외에는 달리 방법이 없을 것이다. 아무리 열심히 노력해도 그들에게는 모방자라는 이름표가 언제나 따라붙는다.

비범하게 머리가 좋은 사람들은 언제나 새로운 방법을 생각해낸다. 깊은 사고와 분별력으로 매우 안전하게 일을 진행시킨다. 현명한 사람들은 새로움을 무기로 위인들의 이름 사이에 자신의 이름을 새겨 넣을 자리를 마련해왔다. ✝

생각은 진지하게 행동은 신속하게

근면하고 지혜롭게 일에 임하라. 머리로 진지하게 생각한 일은 몸을 아끼지 말고 신속하게 실행에 옮겨라.

어리석은 사람은 무슨 일이든 서둘러 행하며, 장애물이 있어도 이에 개의치 않기 때문에 종종 무모한 행동을 하게 된다. 이에 반해서 똑똑한 사람은 이것저것 망설이다 실패하는 경우가 많다. 어리석은 사람은 무슨 일이 있어도 멈추지 않지만 똑똑한 사람은 무슨 일이 있을 때마다 멈춰 선다. 판단은 정확하지만 능률이 떨어지고 너무 늦기 때문에 실패하는 경우도 있다.

신속함이야말로 행운의 어머니다. 무슨 일이든 내일로 미루지 않는 것이 중요하다. '천천히 서둘러서'라는 말을 모토로 내걸기 바란다. ✝

64

쉬운 일은 어렵게 어려운 일은 쉽게 하라

쉬운 일을 할 때는 어려운 일을 한다는 생각으로, 어려운 일을 할 때는 쉬운 일을 한다는 생각으로 임하라. 그렇게 하면 지나친 자신감에 빠질 염려도 없으며, 겁을 먹고 의욕을 상실하지도 않는다.

쉬운 일은 이미 끝난 것이나 다름없다고 가볍게 생각하기 쉽지만 그냥 내버려두면 아무리 시간이 흘러도 결코 끝나지 않는다. 불가능할 것이라고 생각되는 일도 착실하게 노력해나가면 언젠가는 끝을 볼 수 있기 마련이다.

일을 하다 커다란 위기에 직면하면 생각보다는 우선 행동을 해야 한다. 어려운 일들만 생각하며 우물쭈물해봐야 상황은 조금도 나아지지 않는다. ✝

행운이 가져다주는 성공은 극히 드물다

자신의 성공을 단판에 걸어서는 안 된다. 나쁜 패가 나오면 돌이킬 수 없는 손실을 입게 된다. 누구나 한 번은 실수를 하기 마련이다. 특히 처음에는 더욱 그렇다. 머리와 몸의 상태가 언제나 좋으리라는 보장도, 생각한 대로 일이 술술 풀리라는 법도 없다.

따라서 두 번째 기회도 준비해놓아야 한다. 그렇게 하면 처음에 실패했다 하더라도 그것을 만회할 수 있다. 처음에 성공했다면 두 번째는 하지 않으면 그만이다.

무슨 일이든 방법을 바꿔서 다시 도전해야 한다. 성공 여부는 주위의 여러 상황에 의해 좌우되며 행운이 가져다주는 성공은 극히 드물기 때문이다. ✝

새내기일 때, 얻을 수 있는 모든 것을 확보하라

새내기일 때는 모든 사람들이 애지중지한다. 새로운 사람이 들어오면 분위기도 바뀌기 때문에 누구나 기뻐한다. 주위 사람들에게도 신선한 기운이 되살아난다. 평범한 사람이라도 새내기일 때는 유능한 상사보다 높은 평가를 얻기도 한다.

하지만 새내기를 애지중지하는 것은 매우 짧은 기간 동안임을 명심해야 한다. 새내기를 따뜻하게 지켜보는 마음이 사라지면 상대방의 시선도 차가워지며 예전에는 웃어넘기던 일에도 화를 내게 된다. 새내기로 대접받고 있을 때 이용할 수 있는 것은 철저하게 이용해야 한다. 인기가 떨어지기 전에 얻을 수 있는 것은 무엇이든 얻어두라. ✝

귀는 진실로 통하는 뒷문이자 허위가 밀려드는 정문이다

사람은 대부분의 시간을 정보를 수집하는 데 쓰고 있다. 자신의 경험은 제한되어 때문에 다른 사람을 믿고 살아가는 것이다.

귀는 진실로 통하는 뒷문이자 허위가 밀려드는 정문이다. 눈으로 보고 얻는 진실보다는 귀로 듣고 얻는 진실이 더 많다. 하지만 진실 자체가 들려오는 경우는 거의 없으며, 그것이 멀리서 전해오는 것일 때는 더욱 그렇다. 사람들의 입을 거치는 동안 여러 가지 감정이 개입된다. 감정은 진실에 색을 칠해 불쾌한 것으로 만들기도 하고 호감이 가는 것으로 만들기도 한다. ✝

선택하는 능력이 인생을 좌우한다

인생은 올바른 선택 능력이 있느냐 없느냐에 따라서 결정된다. 올바른 선택을 하기 위해서는 뛰어난 안목과 정확한 판단력이 필요하다. 지성이 넘쳐나고 노력을 아끼지 않는다 하더라도 그것만으로는 충분하지 않다. 사물을 식별해 올바른 선택을 하지 못한다면 성공에 이르는 길은 멀고도 험난하다.

창의력이 풍부하며 명석한 두뇌와 뛰어난 판단력을 갖추고 있고, 근면하며, 지식도 풍부하지만 막상 선택의 순간에 실패를 하는 사람들이 적지 않다. 언제나 최악의 것만을 선택해버리는 것이다. 그들에게 올바른 선택 능력이 있었다면 상황은 달라졌을 것이다. ✝

현명한 사람과 어리석은 사람의 차이는 일을 처리하는 시기에 있다

어리석은 자가 뒤로 미루는 일을 현명한 사람은 바로 처리한다. 양쪽 모두 크게 차이는 없다. 차이점이라면 언제 하는가, 하는 점이다.

현명한 사람은 때를 놓치지 않으며 어리석은 사람은 언제나 늦게 시작한다. 시기를 놓친 뒤에 서둘러 일을 하면 올바른 판단을 내리지 못하게 된다. 중요한 것을 소홀히 하고 그다지 중요하지도 않은 것을 중요하게 생각하게 된다. 오른쪽으로 가야 하는데 왼쪽으로 가버리며 왼쪽에서 봐야 할 것을 오른쪽에서 보게 된다.

일을 훌륭하게 성공시키는 최선의 방법은 무엇이든 한발 앞서 행하는 것이다. 현명한 사람은 꼭 해야만 하는 일을 재빨리 간파해서 즐겁게 그 일을 하기 때문에 더욱 좋은 평판을 얻는다. ✝

지혜로운 자들을 끌어 모아라

모든 일이 원만하게 진행되기를 바란다면 지혜로운 자들을 자기 주위로 끌어들여야 한다. 나의 무지 때문에 궁지에 몰린다 해도 그들이 도와줄 것이며, 나를 대신해서 괴로운 싸움도 마다하지 않을 것이다.

지혜로운 자들을 자기 뜻대로 활용하는 것은 보기 드문 힘을 가졌다는 증거이다. 그것은 정복했던 국가의 왕들을 기꺼이 노예로 삼았던 티그라네스* 왕의 야만적인 취미보다 훨씬 더 고상한 일이다. 선천적으로 우수한 사람들을 자신의 부하로 만드는 게 그들을 노예로 삼고 힘을 과시하는 것보다 훨씬 더 이롭다. 지혜로운 자들을 부하로 삼을 수 없다면 그들의 친구가 되어 그 지식의 정수精髓를 흡수해야 한다.

---

* 기원전 1세기 아르메니아의 왕. 파르티아를 정복한 그는 그곳의 왕들을 데리고 대중 앞에 종종 모습을 드러냈다

인생은 짧고, 알아야 할 것들은 어마어마하게 많다. 그리고 무지한 채로는 살아갈 수 없다. 힘들이지 않고 지식을 얻기 위해서는 다른 사람들로부터 많은 것들을 흡수해 그들이 하나가 되어 덤벼와도 눈 하나 꿈쩍하지 않을 수 있을 정도의 지식을 쌓아두어야 한다.

그렇게 하면 회의석상에서 발언할 때도 여러 가지 의견을 자신의 생각으로 이야기할 수 있게 된다. 조언해준 현자들의 모든 지혜가 이야기 속에 담겨 있기 때문에 다른 사람이 흘린 땀으로 현자라는 명예를 얻게 된다. †

설령 시간이 걸린다 해도 일을 완벽하게 처리하라

무슨 일이든 빈틈없이 완벽하게 해내야 한다. 설령 시간이 걸린다 하더라도 그것이 가장 빠른 지름길이다. 벼락치기로 해놓은 일은 곧 도로 아미타불이 되어 버린다. 영원히 남을 만한 일을 하기 위해서는 그에 합당한 시간을 투자해야 하는 법이다.

이 세상에는 완성된 것만이 주목을 받으며, 성공을 거둔 자만이 오래도록 명성을 유지한다. 가치 있는 것을 낳기 위해서는 커다란 노력이 필요하다. 이는 마치 귀금속과도 비슷하다. 가치 있는 귀금속일수록 가공하는데 시간이 오래 걸리며 그 나름대로의 무게도 가지고 있는 법이다. ✝

자신의 실수는 친구에게도 밝혀서는 안 된다

자신의 본심은 숨겨야만 한다. 하지만 그것 이상으로 숨겨야 하는 것이 자신의 실수이다. 사람은 누구나 실수를 저지르기 마련이지만, 다음과 같은 차이점이 있다. 즉, 현명한 자는 자신의 실수를 교묘하게 숨기지만 어리석은 자는 자신이 지금부터 저지를지도 모를 실수까지도 다른 사람에게 말해버린다.

명성은 뛰어난 업적을 거두기보다는 실수를 숨김으로 해서 얻어지는 경우가 많다. 위대한 사람의 실수는 모든 사람의 주목을 받는다. 일식이나 월식이 사람들 눈에 띄는 것과 같은 것이다. 자신의 실수는 친구에게도 밝혀서는 안 된다. 가능하다면 자신조차도 인정하지 못하도록 해야 한다. 실수는 잊어버리는 것이 가장 좋다. ✝

자신이 옳다 하더라도 한 번쯤은 양보하라

어리석은 자는 고집이 세고, 고집이 센 자는 어리석다. 자신이 옳다 하더라도 양보를 하는 것이 현명하다. 언젠가는 내가 옳다는 사실을 사람들도 알게 될 것이며 그 속 깊은 행동 때문에 모든 사람들이 칭찬을 할 것이다.

상대방에게 승리를 거두어 얻는 것보다 자신의 말을 고집하여 잃는 것이 훨씬 더 많다. 자신이 옳다고 아무리 주장해봐야 무례한 사람이라는 인상을 줄 뿐이다. 생각이 유연하지 못한 사람은 매우 고집이 세서 어떻게 설득할 길이 없다.

의지意志는 고집스럽게 지켜야 한다. 하지만 자신의 생각을 지나치게 고집해서도 안 된다. 그래도 예외라는 것은 있기 마련이다. 상대방에게 두 번 양보할 필요는 없다. 그럴 때는, 생각은 양보하더라도 실천단계에서는 결코 양보해서는 안 된다. ✝

능력은 노력에 의해서 열매를 맺는다

세상에 나서기 위해서는 노력과 능력이 필요하다. 능력이 있고 노력을 게을리 하지 않는다면 그 사람은 저절로 두각을 나타내게 된다. 평범하지만 노력하는 사람은, 우수하지만 노력하지 않는 사람보다도 뛰어난 업적을 거둘 수 있다. 노력은 좋은 열매를 맺게 해주며 명성까지도 손에 넣을 수 있게 한다. 일을 하는 데는 소질과 솜씨도 필요하지만 그것은 노력에 의해서만 열매를 맺는다. ✝

의도된 행동이 질투의 화살을 빗나가게 한다

조금 부주의한 행동을 하는 것이 자신의 재능을 사람들에게 알리는 가장 좋은 방법이 될 수 있다. 질투심 때문에 남을 배척하는 것은 아주 흔하게 나타나는 일이다. 특히 속물들의 질투심만큼 사람을 난처하게 만드는 것도 없다. 그들은 전혀 흠잡을 데 없는 사람에게 '죄를 저지르지 않는 것이 죄'라며 몰아세우고 '결점이 없는 것이 결점'이라며 비난한다.

질투는 수많은 눈을 가지고 있는 아르고스*가 되어 제아무리 뛰어난 자라 할지라도 그에게서 결점을 찾아내고야 만다. 그렇게 스스로 위로를 얻으면 그것으로 충분히 만족한다. 비난은 번개처럼 지위가 높은 사람들을 노린다.

---

* 그리스 신화에 나오는 괴물로 온 몸에 무수히 많은 눈을 가졌다고 한다. 제우스의 명령을 받은 헤르메스의 계략에 의해 죽고 만다.

따라서 때로는 대시인 호메로스처럼 꾸벅꾸벅 조는 것도 괜찮을 것이다. 일부러 용기와 지성이 결여된 행동을 해서 – 분별없는 행동을 해서는 안 되겠지만 – 부주의한 척해 보이는 것이다. 그렇게 하면 사람들의 적의가 약해질 것이며 그들이 증오심을 폭발시켜 독설을 퍼붓는 일도 없어질 것이다. 그것은 마치 질투라는 황소 앞에서 붉은 케이프를 흔들어 소를 자기 마음대로 움직이게 하는 것과도 같다. 이렇게 하면 질투의 화살에서 벗어나 불후의 명성을 손에 넣을 수 있을 것이다. ✝

뛰어난 업적을 거둔 뒤에 자리에서 물러나라

뛰어난 업적을 거둔 자의 뒤는 잇지 않는 편이 좋겠다. 자신의 능력이 다른 사람보다 훨씬 더 뛰어나다는 확신이 없다면 누군가의 후임이 되는 것은 재고해 볼 일이다.

전임자와 동등한 일을 하는 데만도 두 배의 능력이 필요하다. 뛰어난 업적을 거둔 뒤에 자리에서 물러나는 것은 사람들의 호감을 사는 교묘한 책략이라 할 수 있으며, 후임자의 존재감은 아무래도 옅어지기 마련이다. 전임자가 만들어 놓은 구멍을 메우려 노력해도 주위 사람들은 좀처럼 인정하려 들지 않는다. 역시 구관이 명관이라는 생각을 하기 때문이다.

전임자에 필적할 만한 능력을 가지고 있는 것만으로는 충분하지가 않다. 먼저 그 자리에 올랐던 사람이 그만큼 더 유리한 것이다. 전임자의 명성을 뛰어넘기 위해서는 특별히 뛰어난 재능이 있어야 한다. ✝

과정보다 결과를 중시하라

목표를 달성하기보다는 올바른 절차를 밟아서 일을 하는 데에 더 많이 신경쓰는 사람들이 있다. 하지만 제아무리 열심히 했다 하더라도 패배자라는 오명을 쓰면 그것으로 끝장이다.

승리자에게는 결코 해명을 요구하지 않는다. 세상 사람들은 그저 일의 성패에만 주목할 뿐, 그 과정에는 눈길 한번 주지 않는다. 목표를 달성하면 평판이 나빠질 염려는 없다. 결과만 좋다면 무엇이든 찬란하게 빛나며 그가 취한 수단에 아무리 불만이 있다 하더라도, 그런 것은 모두 사라져버린다. 좋은 결과를 얻기 위해서 필요하다면 원래의 방법에서 벗어난 수단을 사용하는 것도 하나의 방법이다. ✝

허망한 공상에 사로잡힌 자에게 현실은 견딜 수 없는 고통이다

누구나 자신의 힘을 과신하기 마련이지만 능력이 없는 사람일수록 자신을 더욱 높게 평가한다. 행운이 찾아오기를 바라며 자신은 천재가 아닐까 하는 공상을 하지 않는 사람은 없다.

허망한 공상에 사로잡힌 사람에게 현실은 견딜 수 없는 고통이 된다. 커다란 꿈을 가져라. 하지만 언제나 최악의 경우를 상정하고 일을 시작하라. 그렇게 하면 결과가 어떻든 결과를 냉정히 받아들일 수 있을 것이다.

무슨 일이든 조금 높게 목표를 삼는 것이 좋다. 손이 닿을 것 같지 않을 정도로 높을 곳에 목표를 삼아서는 안 된다. 자신의 힘이 어느 정도인지를 잘 파악하고, 상황을 잘 판단해서 현실감 없는 공상은 허공에 날려 버리자. ✝

친숙한 태도로 사람을 대하라

함께 있으면 기분이 좋아지는 사람이라는 평판을 듣도록 노력하라. 윗자리에 있는 사람일수록 더욱 그렇다. 관리자에게 주어진 이점 중 하나는 누구보다도 사람을 기쁘게 해 줄 수 있다는 점이다.

세상에는 일부러 사람들을 기쁘게 하지 않겠다고 다짐했다고밖에는 달리 생각되지 않는 사람들이 있다. 귀찮아서가 아니라 그저 마음이 곱지 못해서 그러는 것이다. 이런 사람들에게 자신의 속내를 털어놓으려 해도 그들은 무뚝뚝한 표정을 지을 뿐이다. 이런 태도는 서로에게 아무런 도움이 되지 않는다. ✝

일단 시작한 일은 끝까지 해내라

이것저것 손만 대고 끝까지 해내지 않는 자들이 있다. 변덕스러운 성격 때문에 무엇을 시작해도 오래 지속하지 못한다. 일을 훌륭하게 진행시켰다 하더라도 그것을 마지막까지 끌고 가지 못한다면 누구에게도 칭찬을 들을 수 없다.

이런 사람들은 일이 채 끝나기도 전에 벌써 끝났다고 생각한다. 일단 시작한 일을 마지막까지 해내지 못하는 것은 변덕스러운 성격 때문이라고도 할 수 있고, 무모하게 불가능한 일에 도전했기 때문이라고도 할 수 있다.

하지만 할 만한 가치가 있는 일이라면, 성공할 만한 가치도 있을 것이다. 성공할 만한 가치가 없는 일이라면 대체 무엇 때문에 손을 댔겠는가? 현명한 사람은 사냥감을 쫓아 확실하게 잡아들인다. 성공할 만한 가치가 있는 일은 어떤 일이 있더라도 끝까지 해내야 한다. ✝

어리석은 사람이 범하는 과오 중 하나는 재능을 자랑하는 것이다

재능을 자랑하지 말라. 그것은 어리석은 자가 범하는 과오이며, 다른 사람에게 불쾌함과 혐오감밖에 주지 않는다. 또한 잘난 척 허세를 부리고 있는 당사자도 마음의 여유를 갖지 못한다. 언제나 겉모습을 꾸며야 한다는 것은 거의 고문과도 같은 일이기 때문이다.

뛰어난 재능을 갖고 있는 사람이라 할지라도 그것을 자랑하면 가치가 떨어져버린다. 사람들 눈에는 그 재능이 선천적으로 타고난 참된 능력이 아니라 굉장한 노력을 통해서 그렇게 보이도록 하고 있는 모조품으로밖에 보이지 않기 때문이다. 무엇이든 일부러 꾸미기보다는 꾸밈없이 보이는 게 좋다. 재능이 있는 척하면 할수록 사람들은 재능이 없다고 생각한다. ✝

재능 있는 사람은 지위가 올라갈수록 빛을 발한다

자신의 지위에 요구되는 것 이상으로 뛰어난 인간이 되도록 노력하라. 지위에 파묻혀서는 안 된다. 어떤 지위에 오르든 그 자리가 자신의 역량에 부족할 정도로 뛰어난 사람이라는 점을 보여줘야 한다. 재능이 뛰어난 사람은 지위가 올라갈수록 능력을 더욱 향상시켜 그 실력을 사람들에게 확실하게 보여준다.

이에 비해서 지혜롭지 못하고 도량이 부족한 사람은 직함에 쫓겨서, 직책의 중압감에 짓눌려, 세상의 평판까지도 나빠지게 된다. 로마의 황제 아우구스투스는 자신이 훌륭한 인간이라는 점을 군주 이상으로 자랑스럽게 여겼다고 한다. 고결한 정신과 실력에 바탕을 둔 자신감을 가지고 있어야만 이와 같은 경지에 오를 수 있다. †

성공이 조금이라도 의심스러운 일에는 절대 관여하지 마라

깊이, 깊이 생각해서 안전하다고 생각되지 않으면 어떤 일에도 손을 대지 말라. 무슨 일을 하면서 실패하는 게 아닐까 두려워하면, 옆에서 보는 사람에게 그것이 생생하게 전달되는 법이다. 그 사람이 적이라면 더욱 그렇다.

자신의 분별력에 비춰봐서 어딘가 의심스러운 점이 있다고 생각되는데도 손을 대는 것은 위험한 짓이다. 차라리 아무것도 하지 않는 것이 훨씬 더 낫다.

생각이 있는 사람은 성공이 조금이라도 의심스러운 일에는 절대 관여하지 않는다. 언제나 이성의 빛으로 구석까지 비출 수 있는 곳만을 걷는다. 충분히 생각하고, 틀림없다고 결심한 일조차도 실패하는 경우가 허다하다. 하물며 조금이라도 성공이 의심스럽고 무모하다고 생각되는 일에 무슨 기대를 걸 수 있겠는가? ✝

상사에게 영광을 돌리고 상사를 앞지르지 말라

상사에게 영광을 돌려라. 상사를 앞지르는 것은 어리석은 짓이다. 자신보다 뛰어난 자에게 미운 감정을 품는 것은 인지상정이며 윗자리에 있는 사람일수록 더더욱 그럴 것이다.

사소한 장점은 조금만 주의해도 숨길 수가 있다. 외모가 뛰어난 사람이라도 일부러 꾸미지 않고 옷차림에 신경을 쓰지 않으면 사람들의 눈에 띄지 않는다. 자신보다 운이 좋거나, 인격이 뛰어나거나, 품성이 고결한 사람을 못마땅히 여기는 사람은 거의 없지만, 자신보다 총명한 사람에 대해서는 혐오감을 나타내는 사람이 많다. 특히 윗자리에 있는 사람들이 그렇다.

지성이야말로 인간의 자질 중에서도 가장 높은 위치를 차지하며, 높은 자리에 있는 사람들은 최고의 자질에서 정상에 서고 싶어 한다. 윗사람들은 자신을 도와주는 자에게는 미소 짓지만 자신을 따라잡으려는 자에게는 냉소를 보낸다.

조언을 할 때는, 상대방이 잊고 있던 것을 떠올리게 하는 것처럼 해라. 모르는 것을 가르쳐주겠다는 태도로 해서는 안 된다. 우리는 별에게 그 미묘한 차이점을 배울 수 있는데, 태양의 아들인 별들은 하늘에서 빛나지만 결코 태양보다 더 밝은 빛을 내려 하지는 않는다. ✝

상대방의 공적을 더욱 돋보이게 하라

공적을 세운 사람을 더욱 돋보이게 하는 것이 사람을 잘 부리는 비결이다. 공적에 합당한 보상뿐 아니라 상대방을 돋보이게 해야 한다. 도량이 넓은 사람만이 이렇게 할 수 있다. 공을 세운 사람에게는 그 자리에서 보답하라. 그렇게 하면 상대방은 더욱 고마워할 것이다.

일에 대한 보수도 빨리 주는 편이 낫다. 보수를 미리 지급하면 일에 대한 의무감이 생긴다. 그 의무감이 다음에는 감사하는 마음으로 변한다. 그것은 교묘한 변화이다.

돈을 갚을 때도 빨리 갚으면 빌려준 사람이 고마움을 느끼게 되는 법이다. 단, 이런 방법은 좋은 환경에서 자란 사람에게만 써야 한다. 성품이 비열한 자들에게 보수를 일찍 주면 열심히 일하기는커녕 기뻐하며 게으름을 피울 것이다. ✝

도구와 부하는 신중하게 고를수록 좋다

도구는 변변치 않지만 기술이 뛰어나다는 평을 들으려 하는 사람들이 있다. 이와 같은 자기 만족감은 위험하기 짝이 없으며, 그 어떤 혹독한 대가를 치른다 해도 할 말이 없을 것이다.

뛰어난 직원 때문에 사장의 명성에 흠이 간 적은 단한 번도 없었다. 오히려 성공의 명예는 위에 있는 사람에게 전부 주어지는 법이다. 실패했을 때 비난이 윗사람에게 쏟아지는 것과 마찬가지이다. 명성을 얻는 것은 언제나 윗사람이다. '저 사람은 뛰어난 부하를 거느리고 있다' 또는 '부하가 나쁘다.'고 말하는 사람은 없다. '저 사람은 솜씨가 좋다.' 혹은 '솜씨가 나쁘다.'고 평가하는 법이다. 도구와 부하는 숙고해서 신중하게 골라야 한다. ✝

요직에 있는 사람에게는 그 직책을 수행하는 데 필요한 위엄이 요구된다

행운을 자랑하지 말라. 지위가 높다고 해서 그것을 자랑하면 사람들의 반감을 사게 된다. 이왕 자랑을 하려면 지위나 직업이 아니라 인성이 뛰어나다는 것을 자랑하는 편이 그나마 나을 것이다. 거드름을 피워서는 안 되며 – 옆에서 보기에 역겨울 뿐이다 – 선망의 대상이 됐다고 해서 그것을 자랑해서는 안 된다.

사람들의 존경을 얻기 위해 집착할수록 더욱 가볍게 보인다. 무엇보다 존경을 받을 만한 사람인가, 하는 점이 문제가 된다. 존경은 요구한다고 얻어지는 것이 아니며, 그것을 받기에 합당한 인물일 필요가 있다. 존경 받을 만한 사람이라 할지라도, 존경심은 기다림으로 얻을 수밖에 없다.

중요한 위치에 있는 사람에게는 그에 걸맞은 위엄과 위신이 요구된다. 하지만 위엄과 위신은 그 지위에 알맞은 만큼만, 직책을 수행하는 데 필요한 만큼만 갖추고 있으면 충분하다.

열심히 일하는 모습을 사람들에게 보이려 하면, 오히려 그 일에 적합하지 못하다는 인상만 심어주게 된다. 자신의 모든 능력을 발휘하려고 애를 쓰고, 열심히 일하는 척 겉모습을 꾸미려 하지 말라. ✝

과녁을 천 번 맞추기보다 한 번이라도 빗나가지 않도록 하라

과녁을 천 번 맞추기보다는 한 번이라도 빗나가지 않도록 하라. 태양을 똑바로 쳐다보는 자는 없다. 하지만 일식으로 빛이 흐려지면 모든 사람들이 태양으로 눈을 돌린다.

매번 성공을 거두어도 대중은 아무런 관심도 보이지 않는다. 하지만 그 사람이 한 번이라도 실수를 하면 주목을 받게 된다. 뛰어난 업적과 선행보다도 실수와 어리석은 행동이 사람들의 시선을 더욱 끌며 사람들의 입에 오르내린다.

수많은 성공을 거둔 자라 할지라도 단 한 번의 조그만 실수는 세상 사람들의 눈에서 비켜가지 않는다. 악의를 품고 있는 자들은 다른 사람의 장점에는 조금도 신경을 쓰지 않고 결점에만 눈을 돌리는 법이다. ✝

제3장

·

라이벌보다
앞서기
위한 지혜

비열한 승리는 참담한 패배를 의미한다

비록 적일지라도 고결하게 행동하면 세상의 칭찬을 얻을 수 있다. 상대를 쓰러트렸다 하더라도 비열한 방법을 썼다면 그것은 이기는 게 아니라 패배와 다를 바 없다.

기품 있는 사람은 금지된 무기를 손에 쥐지 않는다. 친구와 사이가 벌어져서 적대적인 관계가 되었다고 해서 친했을 때 알게 된 사실을 무기로 상대방을 공격해서는 안 된다. 우정이 증오로 바뀌었다 하더라도 지난날 자신에게 보여줬던 신뢰를 악용하지 말라.

고결한 사람에게는 비열함이 한 치라도 있어서는 안 된다. 귀인은 비열한 방법을 쓰지 않는다. 가령 이 세상에서 기품이나 관대함, 성실과 같은 미덕이 사라져버린다 할지라도 자신의 가슴속에 그것을 간직하며 살아야 한다. †

적의를 품고 있는 사람과는 싸우지 마라

라이벌과 경쟁을 벌이면 세간의 평가가 나빠진다. 경쟁 상대는 곧 내 결점을 찾아내 평판을 떨어트리려 할 것이다. 공정하게 싸우는 사람은 거의 찾아볼 수가 없다. 관대한 사람이라면 대수롭지 않게 보는 결점이라도 적은 결코 놓치지 않는다. 매우 높은 평판을 얻고 있던 자가 경쟁 상대로 인해 그 명성을 잃었던 사례는 헤아릴 수도 없이 많다.

특히 격렬한 적의를 품고 있는 자는 세상이 이미 잊은 지 오래된 상처를 헤집으며, 악취가 풀풀 나는 과거를 들춰낸다. 결점을 폭로함으로써 전쟁에 불이 붙고 그것이 더욱 심화되면 그들은 작은 도움이라도 될 만한 것은 모조리 이용하며, 써서는 안 될 비열한 방법까지 쓴다.

그런 일을 해봐야 사람들의 감정만 상하게 할 뿐 아무런 득도 되지 않지만, 복수했다는 더러운 만족감을 얻을 수만 있다면 그것으로 만족한다.

상대방에게 복수심을 품게 하면, 모든 사람들이 잊고 있던 지난날의 상처까지 파헤쳐진다. 사람들에게 호감을 심어 주면 다툼은 일어나지도 않으며 명성에 흠집이 가는 일도 없을 것이다. ✝

잘못된 행동을 계속하기보다는 입장을 바꾸는 게 낫다

상대방이 나보다 한발 앞서 우세한 자리를 차지했다고 해서 열세에 놓여 있는 무리와 함께 행동해서는 안 된다. 승산 없는 싸움에 휘말려 수치감을 맛보게 된다. 상대방이 유리한 입장을 차지한 것은 그만큼 빈틈이 없었기 때문이다. 열세에 놓여 있는 편에 서서 상대방에게 대항한다면 어리석은 자라는 오명을 벗을 수 없을 것이다.

고집스러운 말을 하는 것은 위험한 일이지만 그보다 더 위험한 것은 고집스러운 행동을 계속해서 하는 것이다. 말보다 행동이 더 쉽게 불행을 불러오기 때문이다. 고집이 센 사람들은 대부분 무지하기 때문에 정론에 대해서도 거침없이 반박을 하며 자신의 이익은 돌보지도 않고 싸움에 임한다.

　사려 깊은 자는 결코 감정에 휘둘리지 않고 언제나 이치에 합당한 편에 선다. 그들은 사태가 그렇게 될 것을 미리 예측하거나 혹은 도중에 깨닫고 자신의 입장을 바꾼다. 상대방이 어리석을 경우에는 이쪽에서 아무것도 하지 않았는데도 그들 스스로 방침을 바꿔버리는 경우도 있다. 그렇게 되면 전세가 역전되어 상대방이 열세에 놓이게 된다.

　바로 그때 상대방을 주류의 자리에서 끌어내리고 자신이 우세한 위치를 점할 수 있다. 어리석은 상대방은 열세에 놓인 편에 서서 대항하고 계속 고집을 부리며 결국 치욕을 당하게 될 것이다. ✝

누군가 나를 험담한다면, 오히려 그 사람을 칭찬하라

　　질투심을 노골적으로 드러내는 사람을 차갑게 대하면 그리 좋을 것은 없다. 그에게 구애받지 말고 관대하게 행동하는 편이 더 많은 것을 얻을 수 있다. 누군가 내 험담을 한다면, 오히려 그 사람을 칭찬하도록 하라. 그렇게 하면 사람들 사이에서 칭찬이 일 것이다. 복수를 하고 싶다면 맡은 일에 모든 능력을 발휘해서 뛰어난 업적을 남겨 질투하는 자를 누르고 고통을 주는 것이 현명한 방법이다.

다른 사람의 불행을 바라는 자는 상대방이 성공을 거둘 때마다 이를 갈며 괴로워한다. 그 사람의 영광이 라이벌에게는 지옥과도 같다. 자신이 성공을 거둬 그것으로 상대방에게 독이 되게 하는 것이 가장 교묘한 벌이 된다. 질투심이 강한 사람에게는 죽음이 몇 번이고 찾아온다. 라이벌이 사람들의 갈채를 받을 때마다 죽음을 맞이하는 것이다.

상대방이 불후의 명성을 얻게 되면 질투심을 품고 있는 자는 영원한 형벌에 괴로워하게 된다. 상대방은 영광에 휩싸여 불멸의 생명을 획득하고 자신은 영원한 형벌을 받게 되는 것이다. 사람의 명성이 세상에 널리 울려 퍼지게 되면 그를 질투하는 사람은 고뇌의 교수대로 이어지는 계단을 오르기 시작하는 것이다. ✝

악의에 가득 찬 시선을 거울삼아 약점과 결점을 바로잡아라

칼을 잡을 때 날 부분을 잡으면 상처를 입게 되고. 손잡이를 잡으면 몸을 지키는 무기가 된다. 현명한 사람이 적에게 입는 은혜는 어리석은 사람이 친구에게 얻는 이익보다도 훨씬 더 크다. 호의를 품고 있는 사람이 두려움을 느끼고 도망쳤던 어려운 일이, 적의를 가지고 있는 자에 의해 해결되는 것도 종종 볼 수 있는 일이다. 적이 있었기 때문에 위대한 인물이 될 수 있었던 예도 얼마든지 찾아볼 수 있다.

아부는 증오보다 더 위험하다. 아부에 의해 숨겨져 있던 결점을 증오심이 파헤쳐 바로잡아준다. 호의를 담고 있는 시선보다 악의를 담고 있는 시선에서 참된 모습을 발견할 수 있다. 사려 깊은 자는 그것을 거울 삼아 약점을 없애고 결점을 바로잡는다. 악의를 품고 있는 자를 마주치면 사람은 무슨 일에나 주의를 기울이게 된다. ✝

장차 적이 될 것 같은 사람을 내 편으로 포섭하라

사람들이 나를 중상하기 전에 적의를 호의로 바꿔라. 모욕을 당한 뒤에 복수하기보다는 모욕 당하지 않도록 하는 게 더욱 현명하다. 장차 적이 될 것 같은 자를 내 편으로 만드는 것은 뛰어난 인간이 아니고는 할 수 없는 일이다. 그냥 내 버려두면 명성에 위협이 될 만한 자를, 명성을 지켜주는 자로 만드는 것이다.

그러기 위해서는 다른 사람에게 은혜를 느끼게 하고 모멸을 감사로 바꾸게 하는 기술을 터득해야만 한다. 슬픔을 기쁨으로 바꿀 줄 알아야 보다 나은 인생을 보낼 수 있다. 적의를 품고 있는 사람이 진정한 친구가 될 수 있도록 신경을 써야 한다. ✝

적의 의표를 찔러라

어리석은 사람은 현명한 사람의 행동을 취하지 못한다. 그렇게 하면 자신에게 득이 된다는 사실을 알지 못하기 때문이다. 현명한 사람은 보통 사람들이 생각하는 것처럼 행동하지 않는다. 적이 자신의 의도를 파악하고 어떤 대책을 마련한 것이 아닐까 생각하고 본심을 숨기려 하기 때문이다.

모든 일은 그 양면, 겉과 속을 잘 살펴보아야 한다. 일부분만이 아니라 전체를 살펴봐야 한다. 상대방이 당연히 취할 행동보다는 할 가능성이 있는 일에 대해 생각하라. †

제4장

살아남기
위한 책략을
세우는 지혜

뱀의 지혜와 비둘기의 순진함을 함께 갖추라

위험을 예지하는 능력이 뛰어난 사람에는 두 가지 부류가 있다. 직접 겪은 여러 가지 체험을 통해서 배운 자와 다른 사람의 경험을 듣고 배운 자이다. 궁지에서 빠져나오는 지혜를 갖추어야 함은 물론 위험을 예지할 수 있는 용의주도 함도 갖추고 있어야 한다. 너무 선량한 것도 좋지 않다. 사람이 너무 좋으면 다른 사람의 사심邪心을 불러 일으켜 상대방을 악인으로 만들어버리는 경우도 있다.

뱀의 지혜와 비둘기의 순진함을 함께 갖춰라. 악의에 넘친 괴물이 되어서는 안 된다. 청탁淸濁을 불문하고 물을 마실 수 있는 사람이 되어야 한다. ✝

자신의 고통이 다른 사람들에게 즐거움이 된다

부상당한 손가락은 감춰라. 그러지 않으면 아픈 손가락이 여기저기 부딪치게 된다. 손가락을 다쳤다고 해서 사람들에게 한탄해서는 안 된다.

악의를 품고 있는 사람들은 나의 상처나 약점을 노리고 덤벼든다. 조금이라도 방심한 모습을 보였다가 적의 공격을 받게 되면 그저 세상의 비웃음거리가 될 뿐이다. 사악한 사람들은 어떻게 해서든지 상대방을 화나게 하려고 눈을 번뜩이며 상대방을 감시한다. 상대방이 어디가 아픈지를 은밀하게 알아내려고 하며, 온갖 수단을 동원하여 상처를 찾아내려고 한다.

적이 넌지시 떠보아도 거기에는 일절 응하지 않고 스스로 초래한 것이든 선천적인 것이든 다른 사람에게 자신의 약점을 잡히지 않도록 해야 한다. 때로는 운명의 여신조차도 나의 상처를 찌르곤 한다. 여신은 속살이 드러난 상처를 향해서 곧바로 달려든다.

자신이 고통스러워하는 일이나 기뻐하는 일을 남에게 밝히지 않도록 세심한 주의를 기울이기 바란다. 그렇게 하지 않으면 고통의 씨앗은 언제까지고 남아 있게 되며 기쁨의 원천은 곧 말라버리고 말 것이다. ✝

모든 일을 다 성공할 수는 없다 - 오명은 다른 사람에게 씌우라

사람들의 적의로부터 몸을 지키기 위해서 오명은 다른 사람에게 씌워라. 이것은 윗자리에 있는 사람이 취해야 할 현명한 책략이다. 실패의 책임을 다른 사람에게 지게 하고 그 사람이 험담의 표적이 되게 하는 것은 능력 없는 자가 할 수 있는 일이 아니다. 그것은 뛰어난 수완을 지닌 자만이 할 수 있다.

모든 일에 다 성공할 수는 없으며 모든 사람들을 만족시킬 수도 없는 법이다. 그렇다면 희생양이 될 만한 사람을 찾는 게 나을 것이다. 사람들의 비난을 받을 만한 야심을 품고 있는 사람이라면 그 역할에 꼭 알맞을 것이다. †

위험한 일일수록 공유하라

해서는 안 될 말을 해서 얻게 되는 불이익, 침묵을 지켜 얻게 되는 이익 모두를 공평하게 나눠가질 수 있도록 해야 한다. 서로의 명예가 걸려 있으면 공동의 이익을 위해서 손을 잡게 될 것이며, 상대방의 명예가 실추되면 자신의 명예도 상처를 입게 되니 필사적으로 상대방에 대한 명예를 지키려 할 것이다.

비밀은 다른 사람에게 밝히지 않는 편이 좋지만 어쩔 수 없을 경우에는 교묘한 수단을 사용해서 상대방이 다른 사람에게 그것을 말하지 못하도록 해야 한다.

위험을 공유하라. 그러면 서로가 공동의 이익을 지키기 위한 행동을 하게 되며 상대방이 나를 배신하고 반대편에 서는 일도 없을 것이다. ✝

상대방이 외면하기 전에 내가 먼저 외면하라

아무런 손도 쓰지 않은 채 저물어가는 모습을 내보여서는 안 된다. 마지막 순간까지 승리 속에서 막을 내려야 한다.

때로는 태양조차 구름 뒤로 몸을 숨겨 자신이 지는 모습을 사람들에게 보이지 않으려 한다. 그렇게 하면 사람들은 태양이 언제 졌는지를 알지 못할 것이다. 슬픈 최후를 피하기 위해서라도 지는 모습을 사람들에게 보여서는 안 된다.

사람들이 모두 등을 돌리기를 기다려서는 안 된다. 그러면 생매장당하게 되며 명성도 종말을 고하고 말 것이다. 훌륭한 조련사는 경주마를 언제 은퇴시켜야 할지 잘 알고 있다. 경주 중에 말이 쓰러지면 그저 비웃음거리가 될 뿐이다. ✝

불운을 혼자 짊어지는 것만큼 견디기 힘든 일도 없다

동료가 있으면 궁지에 몰린다 할지라도 고립무원의 상태에 빠지지 않으며, 사람들의 미움도 자기 혼자 받지 않아도 된다.

모든 책임을 자기 혼자서 지려는 자가 있는데 그런 사람은 세상의 비판을 한 몸에 받는다. 따라서 과실을 관대하게 눈감아 주고 함께 역경을 뛰어넘게 해 줄 사람을 동료로 만들어야 한다.

운명의 여신이나 무책임하게 비평을 해대는 자들은 두 사람을 한꺼번에 공격할 만큼 부지런하지 못하다. 과실의 무거운 짐과 한탄을 함께 나눌 동료를 찾으라. 불운을 홀로 짊어지는 것만큼 견디기 힘든 일도 없다. ✝

본심을 감추고 있는 자를 주의하라

용의주도한 자들은 상대방의 주의를 다른 곳에 돌린 뒤, 그 빈틈을 이용해서 공격한다. 불의의 일격을 받고 당황하는 모습을 보이면 완전히 당하게 된다. 이런 무리들은 바라는 것을 얻기 위해 본심을 감추며, 가장 윗자리에 서려는 흑심을 숨기고 두 번째 자리에 만족한다.

비밀스러운 음모를 품고 있는 자가 있는 한 경계를 늦춰서는 안 된다. 상대방의 의도를 알 수 없을 때는 더욱 주의를 기울여야 한다. 그들이 처음 말하는 것은 본심이 아니며 목적은 다른 데에 있다. 그렇게 사람들의 눈을 속이기에 열을 올리다 자신의 꾀에 넘어가 파멸을 맞이하는 경우도 있다.

상대방이 양보를 할 때도 주의할 필요가 있다. 상대방의 계획을 완전히 꿰뚫고 있는 것처럼 행동하는 것도 적의 움직임을 봉쇄하는 유효한 수단 중 하나이다. ✝

불행한 사람을 지나치게 동정하면 같은 불행에 빠질 수 있다

어떤 사람은 불운이라고 생각하는 일을 다른 사람은 행운이라고 생각하는 경우도 있다. 행복과 불행은 생각하기 나름이라고 하니 값싼 동정은 하지 않는 편이 낫겠다.

그렇다고 해서 다른 많은 사람들이 불운에 몸부림치고 있을 때, 자기 혼자만 행복한 표정을 짓고 있을 수만도 없는 노릇이다. 기세등등할 때는 모든 사람들의 미움을 사던 사람이 갑자기 모든 사람들에게 동정을 받게 된다. 그 사람의 몰락한 모습이 미움을 동정으로 바꿔놓은 것이다.

어찌된 일인지 불운한 사람들하고만 사귀는 사람이 있다. 상대방에게 행운이 찾아왔을 때는 가까이 다가가려 하지도 않다가 그 사람에게 불행이 찾아오면 그에게 끌려버리고 만다. 이를 그 사람의 고귀한 마음의 표출이라고 보는 사람도 있겠지만, 실은 어리석음 이외에 그 무엇도 아니다. ✝

윗사람의 비밀을 듣는 것은 특권이 아니라 부담이다

윗사람의 비밀을 알아서는 안 된다. 함께 사과를 먹게 될 것이라고 기대했다가 결국에는 껍질만 먹게 될지도 모를 일이다.

심복이 됐다가 파멸의 길을 걷게 된 사람들은 헤아릴 수 없이 많다. 애초부터 그리 중히 여겨지지 않았다면 후에 필요 없어졌을 때는 완전히 버림받게 될 것이다. 윗사람의 비밀을 듣는 것은 특권이 아니라 부담이다.

자신의 추한 모습을 비추는 거울을 거추장스럽게 생각하는 자들이 많다. 참된 자신을 알고 있는 자가 눈앞에 있다는 사실을 견딜 수 없기 때문이다. 약점을 쥐고 있는 상대를 좋게 생각할 사람은 없을 것이다. 다른 사람에게 심적 부담감을 주어서는 안 된다. 상대방이 권력이 있는 사람일수록 더욱 그렇다.

공적을 쌓아 다른 사람이 중히 여기도록 만들라. 약점을 이용해서 자신을 주목하게 해서는 안 된다. 때로는 친구 사이에서도 상대방의 비밀을 알게 되어 커다란 재앙을 초래하는 경우도 있는 법이다.

자신의 비밀을 다른 사람에게 말하면 상대방의 노예가 되어 버린다. 윗사람이나 지위가 높은 사람이 그런 굴욕을 참아낼 리 없다. 잃어버린 자유를 찾기 위해 갖은 방법을 동원해서 상대방을 제거하려 들 것이며, 도리에 어긋나는 행동을 해서라도 그를 해치울 것이다. 결코 다른 사람의 비밀을 들어서도 안 되며, 자신의 비밀을 밝혀서도 안 된다. ☩

상대방의 성격을 파악한 뒤에, 약점을 공격하라

사람을 마음대로 조종하려면 그 사람의 약점을 찾는 것이 가장 좋다. 그저 생각을 바꾸라고 재촉하는 것만으로 다른 사람의 의지를 바꿀 수 없다. 사람의 마음속으로 들어가는 법을 알아야만 한다.

어떤 특별한 즐거움이 있기 때문에 어떤 일을 하겠다고 마음먹는 것이다. 그것은 사람의 취향에 따라서 제각각 다르다. 누구나 마음속으로 숭배하고 있는 '우상'을 가지고 있을 것이다. 좋은 사람이라는 평을 바라는 사람이 있는가 하면 자신의 이익이 가장 중요하다고 생각하는 사람도 있는 법이다. 그런데 대부분의 사람들이 숭배하는 것은 '쾌락'이다.

사람들의 우상을 파악하는 것, 그것이 바로 마음을 움직이게 하는 비결이다. 그것만 알아낸다면 욕망의 문을 열 수 있는 열쇠를 손에 쥔 거나 다름없다. 사람을 움직이게 만드는 '가장 커다란 동기'를 찾아내는 것이다.

그것이 반드시 고상하거나 중요한 것은 아니다. 아니, 오히려 저속한 경우가 더 많다. 이 세상에는 올바른 행동을 하는 사람보다도 어리석고 저열한 사람들이 더 많기 때문이다.

상대방의 성격을 파악한 뒤, 약점을 공격하라. 그 사람이 애타게 추구하고 있는 쾌락으로 유혹하면 상대방을 마음대로 조종할 수 있다. ✝

미주美酒는 한 모금만 마시게 하라

　　미주는 한 모금만 마시게 하는 것이
좋다. 욕구가 강해질수록 고마워하는 마음도 강
해진다. 욕구는 갈증과 마찬가지로 조금만 채워
줘야지 가득 채워줘서는 안 된다.

　　좋은 것은 적으면 적을수록 더욱 큰 가치를 지닌다.
그 맛을 마음껏 본 자는, 두 번째부터는 그다지 기뻐하지 않는
다. 원하는 만큼 기쁨을 주는 것은 위험한 일이다. 더할 나위
없이 훌륭한 것일지라도 눈길조차 주지 않게 된다.

　　사람을 기쁘게 해줄 때 지켜야 할 원칙이 한 가지 있
다. 상대방의 욕구를 자극해서 언제나 굶주린 채로 두어야 한
다는 것이다. 즐거움에 싫증 난 자보다는 그것을 바라며 안절
부절못하는 자에게서 더 많은 것을 얻을 수 있다. 그리고 기다
리게 하면 할수록 기쁨도 더욱 커진다. ✝

어리석은 무리들과 관계를 맺지 않으려면 분별력을 갖춰야 한다

세상에는 어리석은 사람들이 헤아릴 수 없이 많은데 그런 무리들과 관계를 맺지 않게 하는 게 바로 분별력이다.

사려분별思慮分別이라는 거울에 비춰봐서 나날의 결의를 새로이 하고 어리석은 자들의 공격을 피하도록 하라. 언제나 앞날에 대한 계획을 세우고, 하찮은 사건에 휩싸여 명성을 잃을 위험에 처하지 않도록 해야 한다. 사려분별로 무장하면 어리석은 자들의 공격으로부터 몸을 지킬 수 있다.

인간관계라는 바다에는 바닥에서 튀어나온 날카로운 암초들이 헤아릴 수 없이 많기 때문에 명성이 언제 좌초될지 모른다. 이 바다를 안전하게 건너기 위해서는 끊임없이 진로를 바꿔야 한다. 그렇게 해서 능숙하게 위험을 회피하는 것이다. 특히 다른 사람을 대할 때는 관대하고 예의 바르게 대해야 한다. 그것이 궁지에서 벗어나는 지름길이다. ✝

자신의 빛을 잃게 하는 사람에게 다가가지 마라

나를 흐릿하게 보이게 하는 사람들과는 사귀지 말라. 상대방이 나보다 뛰어나면 내 빛이 희미해지며, 변변찮은 사람들과 사귀면 나 역시도 변변찮은 사람으로 여겨진다. 하지만 주역을 맡은 사람이 가까이에 있으면 나는 두 번째에 만족해야 하며 아무리 존경받는다 하더라도 그것이 아무런 도움도 되지 않는다.

밤하늘의 달이 주위의 별들과 밝음을 다툰다. 하지만 일단 태양이 얼굴을 내밀면 달은 확실히 보이는 것도 아니고, 완전히 사라져버린 것도 아닌 어정쩡한 모습을 내보인다.

자신의 빛을 잃게 하는 사람 곁에 다가가서는 안 된다. 나를 돋보이게 하는 사람들하고만 사귀어야 한다. 마르티 알리스의 시에 등장하는 파뷸라는 현명하게도 재주 없고 촌스

러운 아가씨들만을 자신의 몸종으로 삼았다. 그렇게 함으로
해서 자신의 아름다움을 한층 더 부각시킬 수 있었던 것이다.

　　　　골칫거리가 될 만한 사람을 곁으로 불러들일 필요도
없으며, 자신의 명성을 해치면서까지 다른 사람을 돋보이게
할 필요도 없다. 20, 30대 사람들은 뛰어난 사람들과 사귀는
것이 좋다. 세상의 인정을 받게 된 뒤부터는 평범한 사람들과
교제하는 것이 좋다. †

고결한 삶을 위해 다른 사람들의 악행에 주의하라

선행은 이 세상에서 모습을 감췄으며, 은혜를 입어도 그에 보답하려는 자가 없고, 예의를 아는 사람들도 거의 사라지고 말았다. 지금은 기품 있는 사람이 가장 손해를 보는 시대이며, 그런 풍조가 온 세상에 만연해 있다. 다른 사람을 짓밟으려 혈안이 된 사람들이 이 세상에는 너무 많다.

어떤 자에게서는 반역을 조심해야 하고, 또 다른 자에게서는 배신을, 또 다른 자에게서는 기만을 조심해야 하는 세상이다. 사람들의 악랄한 행동에 주의하라. 그것을 흉내 내기 위해서가 아니라 내 몸을 지키기 위해서다.

고결한 사람이 자기 원래의 모습을 잃는 경우는 없다. 그에게는 세상 사람들의 악랄한 행동이 훈계가 되기 때문이다. ✝

상대방의 성격을 파악하고 본심을 꿰뚫어라

부정적인 사람은 앞으로 닥쳐올 불행만을 생각하며, 무슨 일에나 반대하는 사람은 방해가 될 만한 일들만 예측한다. 그들의 머릿속에는 최악의 사태만 떠오르기 때문에 좋은 면이 있어도 그것을 보지 못하고, 비관적인 예측만을 내세운다. 감정에 휩쓸리기 쉬운 사람은 현상을 있는 그대로 전달하지 못한다. 말에 희로애락의 감정이 그대로 드러나 이성적으로 이야기하지 못한다.

상대방의 얼굴을 보고 그 사람의 성격을 파악하여 내면을 해독하기에 힘써라. 언제나 웃기만 하는 사람은 어리석은 사람이며, 결코 웃지 않는 사람은 믿지 못할 사람이다. 끊임없이 무엇인가를 묻는 사람도 조심하라. 그런 사람들은 내가 답하고 싶지 않은 것까지 묻는데, 그것은 결점을 찾아내기 위해서, 혹은 내 행동을 의심하고 있기 때문이다. ✝

원하는 것이 있을 때는 다른 사람에게 양보하는 척하라

처음에 양보하는 척하는 것이 중요한데 그렇게 하면 상대방도 내 얘기에 동의를 한다. 상대방의 이익을 최우선으로 생각하고 있는 것처럼 보인 뒤에 자신의 이익을 취할 수 있는 길을 강구하는 것이다.

무슨 일이든지 처음부터 '노'라고 대답하는 사람에게는 신중하게 얘기를 꺼내야만 한다. 본심은 숨기는 것이 현명하다. 그렇게 하면 상대방은 '예스'라고 말해도 귀찮은 일은 일어나지 않을 거라고 생각할 것이다.

특히 자신의 이야기에 상대방이 난색을 표할 것이라고 생각될 때는 결코 본심을 드러내서는 안 된다. 반대로 상대방의 부탁 뒤에 다른 의도가 숨겨져 있을 것 같을 때는 철저하게 상대방의 진의를 파악해야만 한다. ✝

궁핍함이 모든 것을 결정한다

궁지에 몰린 사람을 이용하라. 무엇인가 부족하면 욕망이 절로 생겨나는 법이다. 바로 그때가 다른 사람을 마음대로 조종할 수 있는 절호의 기회이다. 철학가들은 물건 같은 것은 없어도 된다고 말하고, 정치가들은 궁핍함이 모든 것을 결정한다고 말한다. 틀림없이 정치가들 쪽이 옳을 것이다.

다른 사람의 욕망을 발판 삼아 자신의 목적을 달성하는 사람이 있다. 궁지에 몰린 사람을 이용해, 군침이 흐를 정도로 갖고 싶어 하는 것을 슬쩍슬쩍 내보이며 그 욕망을 더욱 부채질하는 것이다. 원하는 것이 좀처럼 잡히지 않으면 사람의 욕망은 더욱 커지기 마련이다.

자신의 목적을 달성하려면 원하는 것을 바로 내주지 말고, 언제까지나 자신에게 의지하도록 하는 것이 가장 교묘한 책략이라고 할 수 있다. ✝

보상할 때는 자기 손으로, 벌할 때는 다른 사람에게 맡겨라

사람을 괴롭히면 동정심이 일거나 양심의 가책을 느끼게 되어 자신도 괴로움을 겪게 된다. 다른 사람의 공적에 보답할 때는 자신의 손으로 보상하고, 다른 사람을 벌할 때는 다른 사람의 손으로 하도록 해야 한다.

불만을 품고 있는 자에게는 그에 따른 화풀이를 하고 험담을 할 상대를 마련해줘라. 분노에 미쳐버린 사람은 광견병에 걸린 개와 같다. 자신에게 상처를 준 사람이 누구인지 모른 채 눈앞에 있는 상대를 향해서 달려든다. 그 자리에 있던 사람은 아무런 잘못이 없음에도 불구하고 미친 개에게 물리게 되는 법이다. ✝

이해할 수 없는 말이 때로는 존경심을 갖게 한다

사람들에게 존경받고 싶다면 상대방보다 훨씬 더 현명하고 분별 있는 사람처럼 보이면 된다. 하지만 거기에도 절도節度라는 것이 필요하다. 지식인은 진짜로 총명한 자를 중히 여기지만, 일반 대중은 고상하게 보이기만 하면 그것만으로도 존경하는 법이다. 상대방이 아무리 생각해도 이해할 수 없는 이야기를 하라. 이해하기 쉬운 이야기를 하면 상대방에게 비판의 실마리를 제공하게 된다.

그 이유를 물으면 제대로 대답하지도 못하면서 다른 사람을 칭찬하는 사람들이 매우 많다. 확실히 이해할 수 없는 말을 하기 때문에 존경하는 것이며, 다른 사람들이 칭찬하는 것을 들었기 때문에 자신도 칭찬을 하는 것이다. ✝

신중함은 행운과 만족감을 낳는다

고통의 근원이 될 만한 일은 떠맡지 말라. 고뇌의 씨앗이 될 만한 것은 피하는 게 상책이다. 신중하게 행동하면 번잡한 일에 휘말리지 않는다. 신중함이야말로 행운과 만족감을 낳는 여신 루키나(출산을 관장하는 로마신화의 여신)이다. 듣기만 해도 기분이 상하는 나쁜 소식은 도움을 줄 만한 사람이 없는 한, 다른 사람들의 귀에 들어가게 해서는 안 된다. 또한 그런 이야기가 자신에게 들려오지 않도록 해야 한다.

세상에는 그럴싸한 사탕발림을 즐겨 듣는 사람이나, 씁쓸한 험담에 귀를 기울이는 사람들이 있다. 그런가 하면 독을 먹지 않고는 단 하루도 견디지 못했던 미트리다테스 왕(소아시아의 고대 국가인 폰투스의 왕, 적에게 독살 당할 것을 두려워하여 매일 독을 마셔 면역력을 키웠다고 한다.)처럼 불쾌함이라는 이름의 약을 매일 먹지 않으면 살아가지 못하는 사람도 있다.

자신의 안전을 지키기 위해서는, 비록 상대방이 친절한 사람이라 할지라도 그 사람의 만족을 위해서 평생 계속될 고뇌의 씨앗을 자신이 떠맡아서는 안 된다. 어떤 문제가 닥쳤을 때, 그저 조언만 해줄 뿐 자신은 아무런 위험에도 노출되지 않는 사람을 위해서 내 자신의 행복까지 희생할 필요는 없다. 상대방을 만족시키기 위해서 자신이 재난을 떠안아야 하는 상황이 온다면 다음과 같은 교훈을 되새기기 바란다.

'나중에 자신이 아무런 희망도 없이 비탄에 잠기기보다는 지금 다른 사람을 슬픔에 빠지게 하는 편이 낫다.'†

무지한 것과 무지한 척하는 것은 많은 차이가 있다

아무것도 모르는 척하는 것이 최고의 지혜가 되기도 한다. 무지한 편이 더 낫다는 것은 아니다. 무지한 척하는 게 중요하다는 말이다.

어리석은 사람에게 지혜는 아무짝에도 쓸모없는 것이며 괴팍한 사람은 정상인의 이야기에 귀를 기울이려 하지 않는 법이다. 따라서 어떤 경우에나 상대방에 맞춰서 이야기를 하는 편이 좋다. 어리석은 자에게는 어리석은 자들의 언어로 이야기하라.

어리석은 척할 수 있는 사람은 어리석은 자가 아니며, 참으로 어리석은 자에게는 그런 지혜가 없다. 사람들에게 칭찬을 듣고 싶으면 어리석은 당나귀의 탈을 쓰는 게 좋다. †

더 이상 잃을 것이 없는 사람과 싸우지 마라

잃을 것이 없는 자와 싸우는 것만큼 불공평한 싸움도 없다. 상대방은 모든 것을 잃고 수치심마저도 잃었기 때문에 거침없이 전장으로 향한다. 모든 것을 버리고 더 이상 잃을 것이 없기 때문에 사람들의 이목에 신경 쓰지 않고 거친 행동을 하며 앞뒤 가리지 않고 돌진해 들어온다.

그런 사람을 상대로 자신의 명성에 흠집을 내서는 안 된다. 오랜 세월에 걸쳐 부지런히 쌓아올린 명성이 어리석기 짝이 없는 행동 때문에 단박에 무너져내리기 때문이다.

도리를 아는 사람은 그런 짓이 얼마나 위험한지 잘 알고 있다. 어떤 행동이 자신의 명성에 흠집을 내는지 잘 알고 있기에 분별 있는 행동을 하며, 일을 성급하게 진행시키지 않기 때문에 여유를 가지고 물러설 수 있다. ✝

비밀을 파헤치려는 사람을 상대하려면 안전장치가 필요하다

누군가 반론을 제기한다면 상대방이 빈틈없이 행동하는 자인지, 단지 성격이 비뚤어진 자인지를 잘 파악하라.

고집이 세기 때문에 사람에게 덤벼드는 건 아니다. 상대방을 위험에 빠트리려고 함정을 파는 경우도 있는 법이다. 따라서 고집쟁이를 상대로 논쟁에 빠지지 않도록, 영악한 자가 파놓은 함정에 빠지지 않도록 주의 깊게 살펴보아야 한다.

다른 사람의 비밀을 파헤치려는 스파이 같은 사람들만큼 조심해야 할 사람들도 없다. 사람의 마음의 문을 열려고 하는 자들을 상대할 때는 자물쇠 안에 자물쇠를 하나 더 걸어놓고 상대하는 것이 좋다. ✝

사자의 탈을 쓸 수 없다면 여우의 탈을 쓰라

시대의 흐름에 순응하는 자가 곧 시대의 리더가 된다. 바라는 것을 전부 손에 넣으면 저절로 명성을 얻게 된다. 힘만으로는 이룰 수 없다면 기술을 사용하라.

세상의 모든 일은 용자勇者가 걷는 정도나 책사策士가 지나는 지름길을 통해서 달성되는 법이다. 정도를 걸을 수 없다면 지름길을 걸으라. 지혜가 뛰어난 자가 힘 센 자보다 더 많을 것을 이룬다.

현자가 용자를 압도하는 경우는 흔히 볼 수 있지만 그 반대의 경우는 거의 볼 수가 없다. 물론, 바라는 것을 손에 넣지 못한다면 사람들에게 멸시 받을 것까지 각오해야 한다. †

책략을 세울 때는 더욱 비밀스럽게 하라

비밀스러운 계획을 세우더라도 나쁜 일에 사용해서는 안 된다. 하물며 사람들에게 간파 당해서는 더더욱 안 된다. 작위적인 행동이 눈에 띄면 의심을 사게 되니 일은 비밀리에 진행해야 한다. 책략을 세울 때는 더욱 비밀스럽게 행해야 한다. 그렇지 않으면 미움을 사게 될 것이다.

이 세상은 기만으로 가득 차 있으니 더욱 확고하게 지켜야 한다. 단 사람들이 경계심을 깨닫지 못하도록 하라. 그렇지 않으면 상대방의 신뢰를 잃게 된다. 내가 경계하고 있다는 사실을 상대방이 알면 기분이 상해 복수심을 품게 되어 뜻밖의 재난을 부르게 될지도 모른다. †

음험한 사람보다는 총명한 사람이 낫다

사람들은 모두 공평하게 취급받기를 원하지만, 그렇다고 해서 자신이 모든 사람들을 공평하게 대하고 있는 것도 아니다. 너무 성실해지려고 애쓴 나머지 우직한 사람이 되어서는 안 되며, 눈치가 너무 빨라서 교활한 사람이 되어서도 안 된다. 음험한 사람이라며 경계의 대상이 되기보다는 총명한 사람이라며 존경받는 편이 낫다. 성실한 사람은 누구에게나 사랑받지만, 그만큼 쉽게 속기도 한다.

황금시대에는 표리부동한 자가 빛을 보았지만, 철의 시대에서 살아남는 것은 악의를 품고 있는 자이다. 유능한 사람이라는 평을 듣는다는 것은 명예로운 일이며 자신감도 더욱 커지게 된다. 하지만 교활한 사람이라는 평판이 나게 되면, 언제나 사람을 속이려는 것이 아닐까 하는 의심을 사게 된다. ✝

제5장

자아구축을
위한 지혜

대화의 밑천은 지식의 샘물로 적셔주지 않으면 금방 말라 버린다

내면의 깊이를 더해야만 참된 인간이 될 수 있다. 다이아몬드의 찬란한 광채가 숙련된 연마사의 커팅에 의해 달라지듯이 안간의 내면이 빛을 발하기 위해서는 지식을 갈고 닦아야 한다.

겉모습만 그럴듯한 인간이 있는데 이런 사람은 대화를 오래 이끌어갈 수 있는 능력이 없다. 인사를 주고받고 나면 더 이상 할 얘기가 없어진다. 처음에는 시칠리아 섬의 종마처럼 이 사람, 저 사람과 활발하고 예의 바르게 말을 주고받지만 곧 수도승처럼 입을 다물어버린다. 끊임없이 솟아오르는 지식의 샘물로 적셔주지 않으면 대화는 바싹 말라버린다. †

결점을 제거하여 자신을 더욱 빛나게 하라

완전무결하게 보이는 사람에게도 틀림없이 결점은 존재하기 마련인데 총명한 사람일수록 그런 결점이 크게 보여 사람들 눈에 쉽게 띈다. 그 사람이 자신의 결점을 모르기 때문이 아니라 그것에 애착을 가지고 있기 때문이다. 자신의 결점을 결점으로 인정하지 않을 뿐만 아니라 그것을 사랑스럽게 여기는 이중 과오를 범하고 있는 것이다.

이런 결점은 뛰어난 인물의 얼굴에 있는 검은 점과 같다. 남들이 불쾌하게 생각하는 것을 자신의 매력이라고 여기는 것이다. 아무리 애착을 가지고 있다 하더라도 떨쳐버리고 그 결점을 제거하여 자신을 더욱 빛나게 해야 한다. 사람들은 다른 사람의 결점을 눈에 불을 켜고 찾아낸다. 장점을 칭찬하기보다는 결점만을 헐뜯으려 한다. 그런 일을 당하면 다른 재능마저도 빛을 바래고 말 것이다. ✝

위트를 한 움큼 첨가하면 절묘한 향신료가 된다

적당히 밝은 성격은 재능이다. 거기에 위트를 한 움큼 첨가하면 절묘한 향료가 된다. 교양이 있는 사람은 품위 있게 행동하고 이야기에 위트를 더함으로서 사람들에게 더욱 사랑받는다. 그들은 분별력을 중히 여기며 결코 예의를 잊지 않는다.

농담을 적절히 이용하면 난처한 상황도 쉽게 벗어난다. 때로는 다른 사람이 매우 심각하게 생각하고 있는 일이라도 농담으로 받아들이는 편이 좋은 경우도 있다. 그렇게 하는 편이 사람들 눈에는 시원시원하게 보이고, 또 신비한 매력이 되어 상대방의 마음을 끌어들일 수 있다. ✝

말은 총명하게 행동은 고결하게

말과 행동이 일치해야 참된 인간이 될 수 있다. 도리에 맞는 이야기를 하고 존경받을 만한 행동을 하라. 총명한 말은 명석한 머리를, 올바른 행동은 고결한 마음을 나타내며, 이두 가지가 참된 인간이라는 증거가 된다.

다른 사람을 칭찬하기보다는 사람들에게 칭찬받을만한 행동을 하라. 말로 하기는 쉽지만 실제로 행하기는 어렵기 때문이다. 행위가 인생의 실질적인 모습이며 총명한 인생을 장식한다. 뛰어난 행동은 언제까지고 사람들에게 기억되지만 말만 뛰어난 자는 곧 잊히고 만다.

훌륭한 행동은 숙고 끝에 탄생한다. 말은 총명하게, 행동은 고결하게 하기 바란다. ✝

화가 날 때는 차라리 화를 내라

무슨 일이 있어도 결코 화를 내지 않는 것은 미덕이 아니다. 화를 내지 않는 것이 둔감하기 때문만은 아니다. 어리석기 때문에 화를 내야 한다는 것을 모르는 경우도 많다. 마땅히 화를 내야 할 때는 주저하지 말고 화를 폭발시켜야만 한다.

허수아비가 아무것도 할 수 없다는 사실을 알면 새들도 그를 무시한다. 언제나 웃기만 하는 것은 어린아이와 어리석은 자뿐이다. 너무 둔감하면 커다란 재앙을 맞게 된다. 세상에는 지나치게 선량해서 신세를 망치게 되는 경우가 많다. ✝

현자란 신중한 사람을 일컫는 말이다

말言語은 야수野獸이다. 일단 우리 밖으로 뛰쳐나오면 다시 가두기가 힘들다. 말은 마음의 맥박이기도 하다. 의사가 맥을 짚어 환자의 건강 상태를 알아보는 것처럼 주도면밀한 사람은 상대방의 말에 귀를 기울여 속내를 알아본다.

안타깝게도 말을 조심해서 해야 할 사람일수록 입이 가벼운 경우가 많다. 총명한 사람은 마찰을 피하려 하며, 상황에 따라서는 타협도 하고, 입을 조심해 쓸데없는 말은 하지 않으려 한다. 현자란 신중한 사람을 일컫는 말이다. ✝

인격 함양은 부단한 노력에 의해 가능하다

사람의 성격은 7년을 주기로 변한다고 한다. 이 변화기에 자신의 식견을 높이도록 노력하라*. 그리고 다른 사람도 그처럼 성장하는 것이라 생각하고 따뜻한 시선으로 보아주기 바란다. 수많은 사람들이 이런 식으로 행동을 새로이 해 높은 지위에 오르고 천직에 종사하게 된 것이다.

하지만 그 변화는 서서히 일어나기 때문에 아무리 커다란 변화라 할지라도 뒤돌아보지 않으면 변화를 알지 못하는 경우도 있다. 사람은 20세에 공작이 되고, 30세에는 사자가 되며, 40세에는 낙타, 50세에는 뱀, 60세에는 개, 70세에는 원숭이가 되며, 80세에는 무로 돌아가는 것이다. †

---

* 루돌프 슈타이너는 인간의 적절한 교육단계를 유아기(0~7세), 아동기(7~14세), 청년기(14~21세)로 구분했다

다른 사람들과 함께 호흡하라

홀로 고고함을 과시하기보다는 사람들과 함께 길을 걸어라. 주위 사람들이 모두 미쳐 있다면 자신도 미쳐버리는 편이 훨씬 더 마음 편하다. 홀로 제정신이라고 생각해봐야 세상 사람들로부터 기이한 사람으로 취급 받을 것이 뻔하다. 시대의 흐름에 맞춰서 살아가는 것이 중요하다. 때로는 아무런 지혜도 없거나, 지혜가 없는 척하는 사람이 가장 지혜로운 사람이 되기도 한다.

사람은 다른 사람들과 함께 살아가야만 한다. 그리고 이 세상 대다수 사람들은 무지하다. 신에 필적할 만큼 뛰어난 사람이나, 혹은 야만스럽기 짝이 없는 사람이 아니면 혼자 살아갈 수는 없다. 때문에 제 홀로 기이한 자로 취급을 받으면서 살기보다는 대중과 함께 더불어 사는 게 현명하다. ✝

참된 성숙은 온화한 권위로부터 나온다

금의 가치는 무게로 결정된다. 인간의 가치는 도덕에 어느 정도의 무게를 두고 살아가느냐에 따라 결정된다. 재능 있는 사람이 인격적으로 성숙하면 한층 더 빛을 발하게 되며 사람들로부터 존경을 받게 된다. 냉정한 태도는 영혼을 한층 더 고귀하게 만든다.

어리석은 자의 아둔함과 침묵은 성숙이 아니다. 그것을 성숙함이라고 보는 것 자체가 어리석은 자라는 증거이다. 온화한 권위가 갖춰지면 참된 성숙에 이른다. 성숙한 인간은 말에 지혜가 넘쳐나며 무슨 일이든 능숙하게 처리한다. 유치한 행동이 사라지고 침착함이 배어나오기 시작하면 저절로 위엄도 갖춰지기 마련이다. ✝

화를 잘 다스려라

화를 쉽게 내는 성급한 사람은 자신을 위험에 빠트
릴 뿐만 아니라 다른 사람에게도 해를 끼친다. 스스로의 언동
때문에 자신의 위신에 손상을 입히고 다른 사람의 체면까지도
깎아내린다.

그런 사람들은 어딜 가나 있지만 그들과 원만한 관계
를 유지하기란 그리 쉬운 일이 아니다. 그들은 아침부터 밤까
지 다른 사람을 불쾌하게 만들고 그래도 만족하지 못한다. 눈
에 보이고 귀에 들리는 모든 것에 화를 내며 이야기를 나누는
모든 사람들에게 덤벼든다.

불평불만에 넘친 사람들이 헤아릴 수도 없이 많다.
하지만 내가 그러한 괴물이 될 필요는 없는 것이다. ✝

언행이 일치해야 품위가 손상되지 않는다

언행은 일치해야 한다. 사려 깊은 사람은 무슨 일에나 일관된 모습을 보이기 때문에 자신의 품위를 손상시키지 않는다. 이런 사람들은 합당한 이유가 있고 무엇인가를 얻을 수 있는 때가 아니면 태도를 바꾸지 않는다. 사려분별이라는 입장에서 보자면 변화는 악인 것이다.

말과 행동이 매일매일 다른 사람들이 있다. 그들의 운은 날마다 바뀌며 의지와 이해력도 나날이 달라진다. 어제 인정했던 일을 오늘은 부정한다. 그들은 자신의 평판을 배신하는 행동을 하며 사람들의 머리를 혼란스럽게 만든다. ✝

경솔함만큼 품위를 손상시키는 것도 없다

명성을 얻는 데 있어서 경솔함은 가장 큰 장애물이 된다. 신중한 사람은 보통 사람이 가지고 있지 않은 덕을 가지고 있지만 경솔한 사람은 보통 사람 이하의 인간으로 취급된다.

경솔함만큼 품위를 손상시키는 것도 없다. 또한 경솔한 사람은 속이 비어 있는 경우가 많다. 나이 든 사람일수록 더욱 그럴 것이다. 나이가 들면 저절로 분별력을 갖추게 되는데도 불구하고 여전히 경솔하다면 그는 존경 받을 구석이 없는 사람이다. ✝

큰 결점을 극복하면 작은 결점들이 사라진다

재능 있는 사람일수록 결점도 많은 법이다. 결점을 고칠 수 없다고 포기해버리면 점점 악화되어 폭군처럼 사람을 지배하기 시작한다.

결점을 극복하기 위해 가장 먼저 해야 할 일은 그것을 깨닫는 것이다. 결점이 무엇인지 알고 그것을 없애려고 노력하라. 내 결점을 꾸짖는 사람에게 지지 않을 정도로 스스로 그 결점에 주의를 기울여야 한다. 자기 자신에 대해서 깊이 생각해 스스로를 컨트롤하는 것이다. 가장 큰 결점을 극복하면 나머지 작은 결점들도 점점 사라질 것이다. ✝

가슴 깊은 곳에 비밀을 숨겨둘 장소를 만들어라

말수가 적은 것은 재능 있는 인간이라는 증거이다. 가슴 깊은 곳에 비밀을 숨겨둘 장소를 만들어라. 넓은 산 속의 조그만 웅덩이 깊은 곳에 소중한 것을 감춰라. 침묵은 자제심에서 태어난다. 과묵한 사람이야말로 참된 승리자다.

자신의 속내를 털어놓은 사람에게는 자신이 말한대로 행동해 보여야만 한다. 그러므로 속내를 털어놓은 사람의 숫자가 많을수록 부담감도 커진다. 내 속내를 살피려는 자가 있으면 침묵은 위협을 받게 된다. 그들은 내 말 하나하나에 꼬투리를 잡으려 한다. 그리고 제아무리 빈틈없는 사람이라 할지라도 자신도 모르게 본심을 털어놓게 할 만큼 비아냥거리기도 한다. 앞으로 하려고 하는 일에 대해서 결코 말을 해서는 안 된다. †

완벽한 인간의 기준 - 고상한 취미, 명석한 두뇌, 명확한 의지, 원숙한 판단력

완벽한 인간으로 태어나는 사람은 아무도 없다. 나날의 노력을 통해서 인격적으로도 직업적으로도 그 정점에 달하면 재능은 저절로 빛을 발하게 되며, 그의 이름은 더욱 높아지게 된다.

고상한 취미, 명석한 두뇌, 명확한 의지, 원숙한 판단력 - 이것이 완벽한 인간임을 나타내는 지표가 된다. 끊임없이 무엇인가가 부족하여 완성의 경지에 이르지 못하는 사람이 있는가 하면, 오랜 세월에 걸쳐 자신을 완벽하게 만든 사람도 있다. 자신을 완벽하게 만든 사람은 그 말에 예지叡智가 넘쳐나며 분별력 있는 행동을 하기 때문에 사려 깊고 쟁쟁한 사람들의 환영을 받으며 친구가 되자는 청을 받게 된다. ✝

제6장

우정을 기르기
위한 지혜

배울 점이 많은 친구를 스승으로 삼으면 지식을 쌓을 수 있다

배울 점이 많은 친구를 사귀어라. 친구와의 교제가 곧 지식을 쌓는 학교가 된다. 친구와의 대화를 통해서 세련된 교양을 익히는 것이다. 친구를 스승으로 삼으면 대화를 즐기면서 지식을 얻을 수 있다. 지식인과의 교류를 즐겨라. 내가 감탄사를 낸다면 그것만으로도 보람 있는 일이다. 상대의 말에 귀 기울이다 보면 절로 지식이 쌓인다.

사려 깊은 자는 이름 있고 품격 있는 사람의 집에 자주 드나든다. 그곳은 허영이 소용돌이치는 곳이 아니다. 그중에는 풍부한 식견으로 이름을 드날리는 인물도 있다. 그런 사람들과 가까이 지내며 그들을 모범으로 삼으면 인생에서의 중요한 점도 꿰뚫어 볼 수 있게 될 것이다. 그들 주위에는 사려 깊고, 분별 있으며, 지혜가 뛰어난 사람들이 모여드는 기품 넘치는 살롱이 형성되는 법이다. ✝

어리석은 친구를 사귀면 불행이 늘 함께한다

어리석은 사람과 사귀면 억울한 피해를 당하게 된다. 어리석은 자를 구분하지 못하는 사람 역시 어리석은 자이다. 상대방이 어리석은 사람인 줄 알면서도 사귀는 것은 더욱 어리석은 사람이다. 설사 깊은 교제가 아니라 할지라도 어리석은 사람과 사귀는 것은 위험한 짓이다. 상대방을 믿었다가는 커다란 낭패를 보게 된다. 그때가 되어서 후회해봐야 본인의 어리석음만 드러내는 것일 뿐이다.

처음에는 어리석은 사람도 주의를 기울이고 이쪽도 조심해서 대하지만, 시간이 흐르면 그 어리석음이 겉으로 드러나 어처구니없는 짓을 저지르게 된다. 세상의 평판이 좋지 않은 자와 사귀게 되면 결국 자신의 명성에도 흠집이 나기 마련이다.

어리석은 자는 틀림없이 불운에 휩싸이게 된다. 그것
이 그들의 운명인 것이다. 어리석음과 불운이라는 이 두 가지
불행은 그들에게 엉겨 붙어 떨어지질 않는다. 어리석은 사람
과 사귀는 자는 그 불행을 자신에게도 불러들인다.

　　역설적이게도 어리석은 자에게도 장점이 있다. 어리
석은 사람에게 현명한 사람은 아무 짝에도 쓸모없는 존재지
만, 어리석은 사람은 현명한 사람에게 도움이 되기도 한다. ✝

친구는 자신의 분신이다

친구는 제2의 자신이다. 누구나 친구에게는 친절하게 대하며 가벼운 마음으로 지혜를 빌려준다. 그들과 함께 있으면 무슨 일이든 순풍에 돛을 단 듯 일이 쉽게 풀린다.

친구가 기대를 걸어준다는 것은 자신에게 그만큼 가치가 있다는 의미이다. 그들이 높이 평가해줬다면 그 말은 그대로 받아들여도 좋을 것이다. 친구의 입에서 나오는 것은 마음 깊은 곳에서 나오는 말이다. 상대방을 위하는 말만큼 사람의 마음을 사로잡는 것도 없다.

이 세상에는 친구와 함께 살아가느냐, 적을 상대하며 인생을 보내느냐, 하는 두 가지 길이 있다. 하루에 한 사람씩 친구를 만들어라. 친구가 아닌 나를 흠모하는 사람이어도 상관없다. 잘 선택하기만 한다면 신뢰할 만한 가치 있는 친구가 몇 명은 남게 될 것이다. ✝

사려깊은 친구는 슬픔을 쫓고, 어리석은 친구는 비애를 부른다

분별력이 있고 운이 좋으며, 의지가 강하고 총명한 사람과 사귀어야 한다. 성공한 인생을 보낼 수 있느냐 없느냐는 좋은 친구가 있느냐 없느냐에 달려 있다.

사람은 그 친구에 의해서 평가된다. 현명한 사람은 어리석은 사람과 친하게 지내지 않는다. 함께 떠들고 즐기는 가운데 참된 친구가 생겨날 리가 없다.

우정에는 올바른 것도 있지만, 올바르다고 할 수 없는 것도 있다. 전자는 인생에 풍요로운 결실을 가져다주고 성공을 약속하는 우정이며, 후자는 쾌락을 추구하는 우정이다. 친구의 날카로운 비판이 수많은 선의에 가득 찬 말보다 훨씬 더 고마운 것일 수 있다. 따라서 친구는 되는대로 사귀지 말고 신중하게 선택해야 한다. ✝

복수의 기쁨이 괴로운 고통이 된다

친구를 사귈 때는 친구가 가장 무서운 적이 될 경우도 염두에 두지 않으면 안 된다. 이는 실제로 비일비재하다.

우정을 배신한 자를 증오하며 복수해야겠다고 마음먹어서는 안 된다. 그런 싸움은 비참하기 짝이 없는 결과를 초래한다. 친구가 적이 되었다 하더라도 오히려 화해를 위한 문을 열어두는 편이 낫다. 관대한 행동을 보이는 것이 화해로 가는 확실한 길이다.

복수의 기쁨이 때로 괴로운 고통으로 변하는 경우가 많다. 상대방에게 상처를 주었다는 만족감이 격렬한 고통이 되어 돌아오는 경우도 흔치 않은 일이다. ✝

나를 거침없이 질타하고 충고해줄 친구를 만들어라

접근하기 어려운 사람으로 보여서는 안 된다. 인간은 완전무결할 수 없기 때문에 다른 사람의 조언이 필요한 경우가 많다. 다른 사람의 이야기에 귀를 기울이지 않는 자는 달리 구제할 길이 없는 어리석은 사람이다. 다른 사람의 힘은 빌리지 않는다 하더라도 친구의 진심이 담긴 조언은 고맙게 들어야 한다.

접근하기 어려운 사람으로 보이면 막상 큰일을 당했을 때 어려움을 겪게 된다. 궁지에 몰렸을 때 도와주는 사람이 없어서 자멸의 길을 걸을 수 있다. 무슨 일이 있어도 자신의 의지를 꺾지 않겠다고 하

는 사람이라 할지라도 친구를 맞아들일 문 하나 정도는 열어 두어야 한다. 그 문을 통해서 구원의 손길을 내밀 것이다. 거침없이 나를 질타하고 충고해줄 사람이 필요하다. 친구를 믿고 이와 같은 관계를 만들어야 한다.

그것은 또한 상대방의 성실성을 인정하고 지성을 높이 평가하고 있다는 증거이기도 하다. 이 사람 저 사람, 아무나 믿고 그런 관계를 맺어서도 안 되겠지만, 마음 깊은 곳에서는 참된 친구를 자신의 거울이라 생각하고 언제나 주의해서 자신을 있는 그대로 보도록 해야 한다. 그 거울에 비친 자신의 모습을 잘못 보지 않는 한, 과오를 범하지 않을 것이다. ✝

고결한 사람에게 명예는 마치 훈장과도 같다

절도 있는 사람에게 호의를 베풀고, 그들에게 호감을 줄 수 있도록 하라. 명예와 절도를 중히 여기는 그 태도가 어떤 경우라도 — 설사 의견이 대립된다 하더라도 — 자신을 공정하게 해준다. 왜냐하면 그런 사람은 자신이 옳다고 생각하는 대로 행동하기 때문이다.

마음이 비천한 사람을 쓰러트리는 데 에너지를 소비하기보다는 고결한 사람과 싸우는 편이 그나마 유익하다. 상대가 비열한 사람이라면 무슨 수를 쓰든 일이 제대로 풀릴 리가 없다. 애초부터 공정하게 행동해야겠다는 의무감 같은 것은 그들에게 존재하지도 않는다.

명예심이 없는 사람은 상대하지 마라. 그런 사람은 미덕도 중히 여기지 않는다. 고결한 사람에게 명예심은 마치 훈장과도 같은 것이다. ✝

호의를 가진 친구의 마음을 사로잡아라

특별한 경우에만 친구의 힘을 빌려야 한다. 하찮은 일로 친구에게 도움을 청하거나 부탁을 해서는 안 된다. 진정으로 위험한 순간에 처했을 때를 대비해서 친구의 호의는 소중히 여겨야 한다. 하찮은 일로 친구에게 의지하면 상대방의 호의도 점점 약해지게 된다.

내 몸을 걱정해주는 친구의 호의만큼 귀중한 것도 없다. 친구와 함께 이야기를 나누면 좋은 생각이 떠오르지만, 혼자서는 아무리 생각을 해봐야 좋은 생각은 떠오르지 않는다.

현명한 사람은 그 인품으로 사람들에게 호감을 주고, 그 명성으로 많은 것들을 손에 넣는다. 하지만 운명의 신은 그것을 질투해서 궁지로 몰아넣는다. 참으로 어려움에 처했을 때는 아무리 많은 것을 가지고 있다 해도 전혀 도움이 되지 않는다. 호감을 품고 있는 친구의 마음을 꼭 붙들어두어야 한다. †

우정의 필수조건 세 가지 - 조화와 선, 그리고 진실

가까이에 있어서 고마운 친구가 있는가 하면, 멀리 두고 사귀는 것이 더 좋은 친구도 있다. 이야기 상대로는 적합하지 않지만 글을 주고받기에 적합한 친구도 있다. 가까이 있을 때는 견디기 힘든 결점이라도 멀리 떨어져 있으면 그다지 마음에 걸리지 않는 법이다.

친구와의 사귐에서 즐거움만을 추구해서는 안 된다. 친구에게 무엇인가 얻으려 노력하지 않으면 안 된다. 우정이 반드시 갖추고 있는 세 가지 특질이 있다. 조화와 선, 진실이 그것이다.

많은 친구들과 교제하는 사람들이 있지만 좋은 친구를 가진 사람은 극히 드물다. 친구를 잘 선택하는 법을 모른다면 참된 친구를 얻을 수 없다. 새로운 친구를 만들기보다는 우정을 오랫동안 지속시키는 법을 알고 노력하는 것이 더욱 중요하다. 우정을 오래 유지할 수 있는 사람을 친구로 삼아야 한다. 지금은 깊이 사귀지 못한 친구라 할지라도 언젠가는 오랜 친구가 될 거라고 생각하면 마음도 편해진다.

가장 좋은 친구는 인생 경험이 풍부하고 수많은 고락苦樂을 함께해온 친구이다. 친구가 없는 인생은 황무지와도 같다. 친구가 있으면 인생의 기쁨은 더욱 커지며 슬픔을 함께 나눌 수 있다. 불행한 일을 당하게 되었을 때 우정은 의지할 곳이 되며 마음을 위로해주는, 그 무엇과도 바꿀 수 없는 소중한 존재이다. ✝

제7장

·

사람들에게
사랑받기
위한 지혜

Great Message 128*

분노의 감정은 강한 자제력으로 진정시켜라

분노를 억누르는 방법을 익혀라. 언제나 마음속을 들여다보고 분노가 폭발하지 않을까 눈을 크게 뜨고 살펴봐라. 피가 거꾸로 솟아오를 때면 자신이 흥분하기 시작했다는 사실을 자각하라. 그렇게 해서 기분을 가라앉히고 감정이 폭발하지 않도록 강한 자제력을 발휘하는 것이다.

분노를 억누르는 방법을 알고 화가 나려 할 때마다 마음을 진정시켜야 한다. 일단 분노가 폭발하면 그것을 억누르기란 극히 어려운 법이다. 격렬한 분노에 사로잡혔을 때에도 이성적인 행동을 한다면 그것은 분별력이 매우 뛰어나다는 증거이다.

격정에 몸을 내맡기지 말고 신중하게 자제력의 그물을 쳐라. 그렇게 하면 어느 곳에서나 현자라는 이야기를 들을 것이다. ✝

진실을 말할 때는 진중한 말과 예의바른 행동을 갖춰라

진실은 때에 따라서 단 것이 될 수도 있고 쓴 것이 될 수도 있다. 마음이 올바른 자는 진실을 밝히지 않고는 견디질 못한다. 사람들에게 진실을 밝히기 위해서는 대단한 기술이 필요하다. 사람의 마음을 꿰뚫어 보는 명의名醫는 진실의 고통을 줄이는 방법을 터득하고 있다. 진실을 얘기함으로써 상대방의 거짓을 가차 없이 들춰낸다면 진실은 그저 쓴맛밖에 나지 않는다.

다른 사람에게 진실을 얘기할 때는 신중하게 말을 고르고 예의를 잃지 않도록 하기 바란다. 같은 하나의 진실이라도 이야기하는 방법에 따라서 듣기 편한 선율이 되기도 하고 귀에 거슬리는 소음이 되기도 하는 법이다.

남에게 충고를 할 때 지난날의 사례들을 들어 진실을 깨닫게 하는 것도 하나의 방법이 된다. 상대방이 총명한 사람이라면 넌지시 암시를 주는 것만으로도 진실을 전할 수 있으며 때로는 아무런 말을 하지 않아도 상대방이 진실을 깨닫게 되는 경우도 있다.

윗사람에게는 씁쓸한 진실을 그대로 전달해서는 안 된다. 그들의 방황을 없애기 위해서 진실이라는 음식을 보기 좋은 그릇에 담아서 먹게 하라. ✝

의견 충돌이 있을 때는 역지사지 하라

　　자신의 의견을 너무 내세우지 말라. 사람은 누구든지 자신의 이익을 최우선으로 생각하며 자신의 정당성을 주장하기 위해서 온갖 논거論據를 늘어놓는 법이다. 대부분의 경우, 사람의 판단은 감정에 쉽게 좌우된다. 두 사람이 서로 으르렁대며 자신의 주장이 옳다고 조금도 양보하지 않는 모습을 흔히 볼 수 있다.

　　하지만 진리는 언제나 하나이며, 두 개인 경우는 없다. 다른 사람의 의견과 충돌한다면 지혜를 짜내서 신중하게 이야기를 끌고 나가야 한다. 경우에 따라서는 지금과는 반대되는 입장에 서서 주의 깊게 생각해보고 의견을 바꾸기도 해야 한다. 상대방의 관점에서 자신의 생각을 검토해볼 필요가 있다. 그렇게 하면 무턱대고 상대방을 비난하는 일도, 무조건 자신을 정당화하는 일도 사라진다. ✝

명석한 두뇌와 유창한 표현력은 살아가는 데 중요한 요소이다

확실하게 알기 쉽도록 이야기하라. 좋은 생각을 가지고 있으면서도 표현에 서툰 자들이 있다. 이야기가 명확하지 않기 때문에 아무리 좋은 의견이나 뛰어난 제안을 해도 빛을 보지 못하는 것이다.

다른 사람의 말에 귀를 기울이지만, 자신의 의견을 말해야 할 때가 되면 제대로 말하지 못하는 사람도 있다. 그런가 하면 생각에 없던 말까지 줄줄이 잘도 늘어놓는 사람들도 있다. 무슨 일이 있어도 흔들리지 않는 강인한 의지만큼이나, 명석한 두뇌와 유창한 표현력도 인생을 살아가는 데 중요한 요소이다. ✝

인기 있는 사람을 멸시하면 자신이 멸시 당한다

사람들과 다른 행동을 하면 반드시 미움을 사게 된다. 게다가 잘못된 행동까지 한다면 어리석은 사람으로 취급받을 것이 뻔하다. 대중에게 인기 있는 사람을 경멸하면 자신도 멸시 받게 된다. 그리고 취향이 이상하다며 모든 사람들이 그를 멀리할 것이다.

좋은 것을 구별해내는 눈이 없다면 감수성이 무디다는 사실을 알아차리지 못하도록 해야 한다. 모든 것을 한꺼번에 싸잡아서 비난해서는 안 된다. 무지함 때문에 사물에 대한 감각이 좋지 못한 경우가 많다. 모든 사람들이 좋다고 하는 것은 틀림없이 좋은 것이며, 적어도 좋은 것일 가능성이 높다. ✝

Great Message 133*

진지한 사람이 위트 있는 사람보다 더 존경 받는다

농담도 정도껏 해야 한다. 현명한 사람들은 진지함으로 이름을 알린다. 진지한 사람이 위트가 풍부한 사람보다 더 존경 받는 법이다. 언제나 농담만 해서는 결코 참된 인간이 될 수 없다. 그런 사람은 거짓말쟁이로 취급 받을 뿐, 누구도 그를 믿으려 하지 않을 것이다. 속고 있는 것이 아닐까, 혹은 놀림을 당하고 있는 것이 아닐까 생각하기 때문이다.

쉴 새 없이 농담을 연발하면 유머감각이 뛰어나다고 생각할지도 모르겠지만, 그것은 유머 중에서도 가장 저급한 유머이다. 위트가 풍부한 사람이라는 평판을 얻을지는 모르겠지만, 그 때문에 분별 있는 사람이라는 평가는 사라지고 말 것이다.

때로는 농담을 하며 유쾌하게 시간을 보내는 것도 좋지만 그 외의 시간에는 언제나 진지해야 한다. ✝

177

말을 얼버무리는 것도 위기탈출의 방법이다

궁지에서 빠져나오는 방법 중 하나가 말을 얼버무리는 것이다. 세련된 농담으로 복잡하기 짝이 없는 미로에서 빠져나올 수 있다. 미소를 짓는 것만으로도 어려움을 회피할 수 있다.

이 마지막 방법이 있었기에 그 위대한 명장 곤살로 데 코르도바*도 용감하게 싸울 수 있었던 것이다.

'노'라고 할 때도 친밀함을 담아서 말하면 화제는 자연스럽게 다른 곳으로 옮겨간다. ✝

---

* '위대한 지휘관'이라 불리며 무어인과의 전쟁, 이탈리아 남부에서의 전쟁에서 이름을 날린 스페인의 군인. 약탈자로 악명이 높았지만, 사람들로부터의 추궁을 피하는 방법을 잘 알고 있었다.

진실을 숨겨야 할 때도 있다

거짓말을 해서는 안 된다. 하지만 모든 진실을 낱낱이 밝히는 것도 좋지 않다. 진실만큼 다루기 어려운 것도 없다. 자칫 잘못하면 심장에서 피가 흐르게 된다. 진실을 이야기하는 데도, 또 숨기는 데도 기술이 필요하다.

한 번이라도 거짓말을 하면 정직하다는 평판을 잃어버린다. 사람들은 속은 사람에게도 잘못이 있다고 생각할 것이다. 하지만 속인 사람은 신의가 없는 사람으로 취급되며, 따라서 명예도 잃게 될 것이다.

진실은 모든 사실을 낱낱이 말하는 게 아니다. 자신을 위해서 입을 다물고 있어야 할 때도, 다른 사람을 위해서 입을 다물고 있어야 할 때도 있는 법이다. ✝

부탁을 할 때도 시기를 잘 포착해야 한다

남에게 부탁을 할 때, 쉽게 부탁할 수 있는 사람이 있는가 하면 부탁하기 어려운 사람도 있다. 남에게 부탁을 받으면 도저히 거절하지 못하는 사람들도 있다. 이런 사람이라면 쉽게 부탁할 수 있다. 하지만 무슨 일이든지 부탁을 받으면 기계적으로 '노'라고 답하는 사람들도 있다. 바로 이런 사람들에게 부탁할 때는 좀 더 세심한 기술이 필요하다.

그들에게 부탁하려면 적합한 시기를 선택해야 한다. 상대방이 피곤에 지쳐 있지 않고, 마음도 차분하게 가라앉아 있으며, 기분이 좋아 보일 때를 잘 포착해서 부탁하는 것이 좋다. 기쁜 일이 생긴 날에는 친절을 베푸는 법이다. 몸 안에서 넘쳐나는 기쁨을 다른 사람에게도 나눠주고 싶기 때문이다.

누군가가 그에게 부탁을 했다가 거절당하는 것을 봤다면 그날은 포기하는 것이 좋다. 한 번 거절을 해버리면 다른 일을 거절하는 것도 어렵지 않기 때문이다. 상대방이 이쪽의 진의를 파악하기 위해 경계하고 있을 때 부탁해서도 안 된다. 또한 슬픔에 잠겨 있는 사람에게 부탁을 하는 것도 쓸데없는 짓이다.

상대방에게 먼저 은혜를 베푼 적이 있다면 그것을 빌미로 승낙을 얻어낼 수도 있다. 하지만 상대방의 성품이 비열하고 호의에 보답해야 할 의무를 전혀 느끼지 못하는 사람이라면 얘기는 또 달라진다. ✝

궤변을 늘어놓는 이유는 거짓과 불확실성 때문이다

위엄에 손상이 가는 말을 하는 것은 어리석은 자나 하는 짓이다. 역설적인 말은 일종의 기만과 같다. 처음에는 그럴듯하게 들리며 참신하기 때문에 흥미를 끌고 상대방을 놀라게도 하지만 후에 엉터리였다는 사실이 밝혀지면 불명예를 떠안게 된다.

궤변을 늘어놓는 것은 현상을 정확하게 판단할 능력이 없으며 사려분별이 부족하다는 증거이다. 궤변의 근거가 되는 것은 거짓과 불확실한 사실이다. 그런 것을 입에 담으면 당연히 자신의 위엄에 손상을 입게 된다. †

은혜는 조금씩, 하지만 자주 베풀라

상대방이 갚을 수 없을 정도의 은혜를 베풀어서는 안 된다. 남에게 무턱대고 친절을 베푸는 것은 친절이 아니다. 이는 은혜를 과시하는 것에 지나지 않는다. 그렇게 하면 상대방도 그다지 고마워하지 않는다. 내가 베푼 은혜를 감사하게 생각하면서도 그 은혜를 갚을 수 없게 되면 교제를 끊어버리는 경우도 있다. 상대방이 부담을 느낄 정도로 은혜를 베풀면 친구를 잃게 된다.

신상神像은 자신을 만든 사람의 얼굴을 보고 싶어 하지 않으며, 은혜를 받은 사람은 은혜를 베푼 사람의 곁에 다가가려 하지 않는 법이다. 선물로 상대방을 기쁘게 해주고 싶다면 상대방이 갖고 싶어 하며 나에게도 부담이 되지 않는 것을 보내야 한다. ✝

대화를 나눠보면 그 사람의 도량을 알 수 있다

인간의 모든 활동 중에서 대화만큼 사려분별을 요구하는 것도 없다. 사람은 언제나 누군가와 이야기를 하고 있기 때문이다. 글은 생각한 것을 기록한 일종의 대화로, 이 역시 신중하게 적지 않으면 안 된다.

하지만 사람과 이야기를 할 때는 그것 이상으로 신중을 기해야 한다. 분별력이 있는지 없는지를 그 자리에서 판단할 수 있기 때문이다. 화술이 뛰어난 사람은 그 자리에서 상대방의 말의 진의를 속속들이 파악해낸다. 어떤 현인은 "무슨 말이든 나눠보게. 그럼 그 사람의 성품을 알 수 있을 것일세."라고 말했다.

대화를 할 때 무엇인가를 의식할 필요 없이 있는 그대로 이야기하는 것이 좋다고 말하는 사람들이 있다. 친구들

끼리 이야기하는 것이라면 그래도 상관없을 것이다. 하지만 지위가 높은 사람들의 모임에서는 좀 더 신중한 마음가짐으로 이야기하지 않으면 안 된다. 그 사람의 그릇의 크기가 사람들 앞에 그대로 드러나기 때문이다.

사람들과 능수능란하게 대화하고 싶다면 상대방의 성품과 명석한 정도에 자신을 맞춰야 한다. 상대방의 말꼬리를 잡고 늘어져서는 안 된다. 다른 사람의 말을 일일이 비난하면 모든 사람이 멀리하며 상대를 해주지 않을 것이다. 다른 사람과 대화를 나눌 때는 청산유수처럼 이야기하기보다는 신중하게 말을 골라가며 하는 편이 훨씬 더 중요하다. ✝

세상 사람들은 내면보다는 외면으로 사람을 평가한다

　　내면을 갈고닦음과 동시에 외면에도 신경을 써라. 세상 사람들은 사물의 본래 모습을 보지 않고 외면을 있는 그대로 받아들인다. 뛰어난 재능을 가진 사람이 외면에도 신경쓴다면 세간의 평은 더욱 좋아질 것이다. 눈에 보이지 않는 것은 이 세상에 존재하지 않는 것과 다를 바 없다. 사려 깊고 분별력 있는 사람이라 할지라도 그에 어울리는 인상을 갖고 있지 못하다면 존경받지 못할 것이다. 세상에는 안목 있는 사람보다 외면에 속는 사람들이 훨씬 더 많다.

　　기만이 판치고 있는 이 세상에 외견이 주는 인상 그대로의 것은 거의 없다. 하지만 바로 그런 시대이기에 제아무리 뛰어난 재능을 가지고 있다 하더라도 그것을 사람들 눈에 띄게 하지 않으면 세상으로부터 인정을 받을 수 있는 기회조차도 얻지 못한다. ✝

튀는 행동을 하는 사람들은 미운털이 박힌다

주목을 받으려고 하는 사람은 그가 아무리 뛰어난 능력을 가지고 있다 하더라도 다른 사람에게 제대로 인정받지 못하며 이상한 행동을 하는 사람이라는 비난을 받게 될 것이다. 주목을 받으려 하는 것 자체가 그 사람의 결점이 된다.

미인도 너무 아름다우면 별로 좋지 못한 평을 듣게 된다. 너무 훌륭해서 접근하기 어려운 사람은 반감을 사게 된다. 사람들의 눈을 끌기 위해 부끄러운 줄도 모르고 눈에 띄는 행동을 하는 사람은 더더욱 미움을 받는다.

세상에는 나쁜 행동으로 명성을 얻으려는 자들이 있다. 이런 사람들은 자신의 평판을 떨어트릴 새로운 수단을 생각해내서 더욱 세상의 주목을 받으려 한다. 그런 행동들은 결국 교양이 없음을 드러낼 뿐이다. ✝

거절할 때는 항상 정중하게 하라

다른 사람의 말을 무엇이든 받아들일 수는 없다. '노'라고 말하는 것도 부탁을 들어주는 것만큼 중요하다. 문제는 말하는 방법이다. 어떤 사람의 '노'가 다른 사람의 '예스'보다 더 고맙게 느껴지는 경우가 있다. '노'라는 말도 겉모양을 잘 꾸미기만 하면, 무뚝뚝한 '예스'보다 더 기분 좋게 들리기도 한다.

언제나 '노'라고만 대답하거나 '노'라고 대답하는 방법을 잘 몰라서 상대방에게 실망을 주는 사람들이 많다. 상대방이 처음에 받았던 불쾌한 인상이 너무 강하기 때문에 이런 사람들은 나중에 부탁을 들어준다 하더라도 상대방에게 좋은 인상을 심어줄 수 없다.

다른 사람의 청을 한마디로 딱 잘라서 거절해서는 안된다. 실망은 조금씩 맛보게 하는 것이 좋다. 결코 처음부터 끝까지 거절해서는 안 된다. 그러면 누구나 앞으로는 절대 부탁하지 않겠다고 생각할 것이다. 언제나 마지막 희망의 끈을 남겨두어 거절의 쓴맛을 조금은 부드럽게 할 필요가 있다. 호의를 베풀지 못하는 만큼 예의 바른 행동과 정중한 말로 도움을 주지 못하는 것에 대한 보상을 하는 것이다.

'노'와 '예스' 모두 짧은 말이지만, 말할 때는 잘 생각한 뒤에 사용해야 한다. ✝

쓸데없는 참견은 비웃음거리가 될 뿐이다

남들이 나를 소중하게 여겨주길 바란다면 스스로를 소중하게 여겨야 한다. 자신을 너무 드러내지 말라. 여기저기 나대서는 결코 안 된다. 요구에 응해 나가는 것이라면 환영받을 것이다. 부르지도 않았는데 얼굴을 내밀어서는 안 되며, 그곳에 가달라는 부탁을 받지 않았다면 가지 말아야 한다.

자신이 주도권을 쥐지 않고는 견디지 못하는 자는 실패하면 미움을 사게 되며, 성공한다 하더라도 칭찬을 받지 못하는 법이다. 쓸데없이 남의 일에 참견하는 사람은 비웃음의 표적이 될 뿐이다. 필요 이상으로 참견하면 어처구니없는 싸움에 휘말리게 된다. †

편안한 말은 사람의 마음을 사로잡는다

비단처럼 고운 말은 사람의 마음을 소리 없이 사로잡는다. 화살은 몸을 꿰뚫는다. 더러운 말은 사람의 마음을 찌른다. 맛있는 사탕을 먹으면 입에서 좋은 냄새가 난다.

말은 공기와 같다. 사람의 마음을 사로잡기에 능숙한 자는 상대방에게 공기를 파는 것이다. 대부분의 것들은 말로 살 수 있으며, 궁지에 몰린 사람을 오직 말로써 구할 수 있는 경우도 있다. 상대방이 완전히 들떠 있을 때나 멍하니 이야기를 듣고 있을 때는 말로써 상대방을 원하는 대로 조종할 수 있다. 윗사람의 부드러운 한마디 말에는 부하의 마음을 움직이는 힘이 있다.

입에서는 향기로운 냄새가 나게 하고, 말에는 적조차도 좋아할 만한 달콤한 옷을 입혀라. 사람들에게 사랑받는 한 가지 방법은 온화하고 상냥하게 사람을 대하는 것이다. ✝

다른 사람의 단점보다는 장점을 찾아 칭찬해줘라

다른 사람의 장점을 찾아내서 칭찬하라. 그러면 성품이 고상하며 눈이 높은 사람이라는 평가를 받게 된다.

한 사람의 좋은 면을 알게 되면 다른 사람의 좋은 면도 바로 알아볼 수 있다. 이렇게 보는 눈을 키워서 사람들의 좋은 점을 놓치지 않도록 해야 한다. 사람을 칭찬하는 것은 좋은 이야깃거리가 될 뿐만 아니라, 그 자리에 있던 사람들이 자신도 올바른 행동을 해야겠다고 생각하게 만든다. 이는 사람들에게 예의 바르게 행동할 것을 권하는 세련된 방법이기도 하다.

이와는 전혀 반대로 행동을 하는 사람도 있다. 언제나 남의 결점만을 찾아내며, 당사자가 없으면 흉을 보고, 같이 있는 사람의 환심을 사려 하는 자다. 이와 같은 방법이 통하는 상대는 그런 속임수를 알아차리지 못하는 생각이 얕은 사람들 뿐이다. 남의 험담을 하는 사람은 다른 곳에서도 똑같다. 자신이 그 험담의 표적이 되지 말라는 법도 없다.

또, 지난날의 뛰어난 업적보다 최근의 하찮은 일에 대해서 자꾸만 이야기하는 사람도 있다. 상대방을 진심으로 존경하는 것이 아니라 입에 발린 소리로 아부하려 든다. 그런 사람들은 이와 같은 방법으로 환심을 사려 든다는 사실을 잊어서는 안 된다. 사려 깊은 사람은 남들이 갖은 말로 칭찬을 하고, 아무리 입에 발린 소리를 해도 거기에 속지 않는다. ✝

상대방의 기호를 모르면 친절을 베풀어놓고도 미움을 받는다

같은 말이라 할지라도 기쁘게 생각하는 사람이 있는가 하면, 모욕을 당했다고 생각하는 사람도 있다. 대접할 생각으로 마음을 썼다가 오히려 상대방의 기분을 상하게 하는 경우도 있다. 사람의 기호를 모르면 기껏 친절을 베풀어놓고 미움을 받게 될지도 모른다.

남을 기쁘게 해주겠다며 전혀 엉뚱한 짓을 한다면 상대방이 고마워 할 리 없다. 남의 기호를 파악하지 못하는 사람이 준비하는 선물은 쓸모없는 것이 되어버릴 가능성이 높다. 상대방의 성격을 모르면 그 사람에게 만족감을 줄 수 없다. 그런 상태로는 상대방을 칭찬할 생각으로 한 말이 모욕감을 주게 될지도 모른다. ✝

힘을 절반만 쓰는 자가 전력을 다하는 자보다 더 욱 믿음직하다

무슨 일에나 조금은 여유를 갖도록 하라. 그렇게 하면 뜻밖의 일에도 바로 대처할 수 있기 때문에 믿을 만한 사람이라는 말을 듣게 될 것이다. 무슨 일에나 전력을 기울이고 모든 재능을 발휘해서는 안 된다. 지식조차도 한꺼번에 모든 것을 보여서는 안 되며 조금씩 내보여야 한다. 그렇게 하면 세상의 평가는 더욱 좋아질 것이다.

궁지에 몰렸을 때를 대비해서 언제나 조금은 여유를 가져야 한다. 세상 사람들은 적극적이고 과감한 공격보다 시기적절한 구원을 더욱 중히 여기며, 더욱 많은 경의를 표한다.

사려 깊은 자는 언제나 안전한 항로를 선택한다. 이런 의미에서 보더라도 '힘을 반만 쓰는 자가 전력을 다하는 자보다 더욱 믿음직하다.'는 역설은 믿을 만한 가치가 있다. ✝

공연히 적을 만드는 행동은 하지 마라

성공과 명성은 사람들의 존경을 받느냐 못 받느냐에 따라 결정된다. 올바른 일을 하기만 하면 된다고 생각하는 사람도 있지만 그것만으로는 충분하지 않다. 사람들이 호감을 갖도록 노력하지 않으면 안 된다. 상대방을 기쁘게 하는 일은 그다지 밑천이 들지 않지만 그로 인해서 얻는 것은 매우 크다. 친절한 행동도 말로 살 수 있는 법이다.

이 세상에는 아무런 도움도 되지 않는 것은 하나도 없다. 어떤 사람이라 할지라도 일 년에 한 번 정도는 필요할 때가 온다. 뜻밖의 사람에게 도움을 받게 되는 경우도 있는 법이다. 그러므로 공연히 적을 만드는 행동은 하지 말아야 한다. ✝

언제나 자신을 새롭게 거듭나게 하라

뛰어난 업적도 언젠가는 낡은 것이 되며 그와 함께 명성도 잦아든다. 무슨 일이나 익숙해지면 감탄하는 마음도 줄어들며, 커다란 업적을 이룬 사람이라 할지라도 나이를 먹으면 이렇다 할 장점도 없는 신인들에게 추월을 당하게 된다.

따라서 용기나 지성 그리고 행운과 그 외의 모든 것에 있어서 언제나 자신을 새롭게 태어나게 해야 한다. 재능의 빛을 되찾고, 태양처럼 되풀이해서 모습을 드러내며, 새로운 자신의 자리를 만들어내라. 힘을 아끼며 재능을 전부 내보이지 않으면 사람들은 이를 안타까워할 것이다. 바로 그때 모든 재능을 발휘하면 박수갈채를 받게 될 것이다. ✝

일을 시작할 때, 과도한 기대감을 심어주지 말라

기대감을 품게 하면 실망도 크다. 머릿속으로는 잘할 수 있을 것 같은 일도 실제로는 여러 가지 어려움이 따르기 마련이다. 일을 시작할 때는 사람들에게 과도한 기대감을 심어주지 말라.

상상에 소망이 더해지면 현실과는 완전히 동떨어진 기대감을 품게 된다. 그렇게 되면 결과가 아무리 좋아도 기대에 미치지 못하기 쉽다. 상상했던 것에 미치지 못하면 훌륭하게 해낸 일에도 실망을 느끼기 때문에 칭찬은 좀처럼 들을 수 없다.

이런 간극을 만들어내는 원흉이 바로 희망이다. 양식에서 우러나온 생각을 바탕으로 희망에 브레이크를 걸어야 한다. 그렇게 하면 바라던 것 이상의 기쁨을 얻을 수 있다. 처음에는 사람들의 호기심을 자극하는 정도가 좋다. 기대감을 갖게 해서는 안 된다. 현실이 예상을 상회하고, 생각했던 것 이상의 결과를 얻게 된다면 대성공이다. ✝

제8장

·

행운을
부르는 지혜

행운이라는 별은 누구에게나 찾아온다

아무리 운이 없는 사람이라 할지라도 행운의 별이 하나쯤 있기 마련이다. 지금 운이 없다면 어느 것이 자신의 별인지 알지 못하기 때문이다.

비슷한 능력을 가지고 있음에도 불구하고 행운을 잡는 사람이 있는가 하면 그렇지 못한 사람도 있다. 행운의 여신이 제 마음대로 운명의 카드를 뽑아들기 때문이다.

자신의 운이 어디에 있는지, 자신에게 맞는 일이 무엇인지를 잘 파악해야 한다. 거기에 인생의 성패가 달려 있다. 행운의 별을 놓치지 않도록 하라. 다른 별을 추구하거나 행운의 별이 있는 별자리로부터 등을 돌려서는 안 된다. †

행운을 잘 요리할 수 있는 능력을 길러야 한다

아무리 맛있는 산해진미가 눈앞에 있어도 위장이 튼튼하지 못하면 먹지 못한다. 그 어떤 행운이 찾아온다 해도 그것을 충분히 활용할 수 있는 힘을 가지고 있지 못하면 그것을 놓쳐버리고 만다.

현명한 사람은 아무리 많은 행운이 찾아온다 하더라도 그것을 전부 먹어치울 수 있을 만큼 튼튼한 위장을 가지고 있다. 재능이 풍부한 사람이라면 언제, 어떤 경우에 행운이 찾아온다 하더라도 당황하지 않고 그 기회를 이용할 능력을 가지고 있을 것이다.

맛있는 음식이 눈앞에 있음에도 불구하고 위장이 받아들이지 못해 그것을 먹지 못하는 자들이 있다. 이와 마찬가지로 높은 지위에 오를 수 있는 행운이 찾아왔음에도 불구하고 선천적으로 그런 자리에 어울리지 않는 사람이나 그런 자리에 익숙하지 않은 사람은 모처럼 찾아온 기회를 놓쳐버린다.

그런 사람들은 인간관계를 원만하게 유지하지 못하며, 어리석은 명예심에 휩싸여서 올바른 판단을 내리지 못하고, 어떤 일에나 망설이게 된다. 높은 지위에 올랐다는 사실만으로도 머릿속이 혼란스러워져서 그 행운을 제대로 받아들일 만한 여유를 갖지 못하기 때문이다.

자신이 뛰어난 능력을 가진 사람이라고 생각된다면 아직도 행운을 받아들일 만한 여유가 있다는 사실을 스스로 드러내 보이고 그릇이 작게 보일 만한 행동은 절대 하지 않도록 주의해야 한다. ✝

행운이 와도 불행이 와도 냉정함을 잃지 마라

　　　　냉정함을 잃어서는 안 된다. 그럴 수 있는 자만이 정신적으로 성숙한 참된 인간이다.

　　　　희로애락 등 감정의 변화가 심한 것은 마음이 안정되지 않았기 때문이며, 격정은 도를 넘어서면 판단력을 흐리게 하는 고질병이 된다. 이 병이 입에까지 옮으면 그 사람의 평판까지도 나빠지게 된다.

　　　　감정을 끝까지 자제하라. 그렇게 하면 그 어떤 행운이 찾아온다 해도, 또 그 어떤 불행에 휩싸인다 해도, 당황하지 않을 것이다. 아니, 오히려 모든 사람들이 그 초연한 자세를 칭찬할 것이다. ✝

사려 깊은 사람만이 행운과 불행을 구별할 줄 안다

행운에도 법칙이 있으며, 현명한 사람은 모든 일이 우연히 일어나지 않는다는 것을 잘 알고 있다. 노력을 통해서 행운을 부를 수 있는 것이다.

어떤 자는 행운의 여신이 살고 있는 신전의 문 앞으로 다가가 여신이 나타나기만을 조용히 기다린다. 또 어떤 자는 조금 더 지혜를 발휘해서 신중하고 과감하게 신전의 문을 지나 안으로 들어간다. 그리고 용기와 미덕의 날개를 타고 대담하게 여신이 있는 곳으로 찾아가 여신을 자신에게로 불러들인다.

참된 현자는 오로지 '사려와 미덕'만을 자신의 행동 지침으로 삼는다. 왜냐하면 사려 깊은 사람만이 행운과 불행을 구별할 수 있기 때문이다. ✝

불행한 사람을 멀리하고 현자를 가까이 하라

불행은 어리석은 행동의 결과로 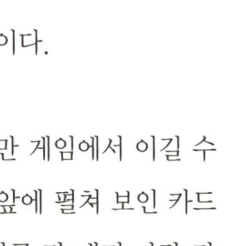 찾아온다. 불행만큼 전염성이 강한 것도 없다. 아무리 작은 것이라 할지라도 재 앙에게 결코 문을 열어줘서는 안 된다. 그 뒤에는 훨씬 더 큰 재앙이 숨어 있기 때문이다.

어떤 카드를 버려야 할지 알아야만 게임에서 이길 수 있다. 승리한 상대방이 손에 들고 있다 눈앞에 펼쳐 보인 카드 중 가장 약한 카드가, 게임에서 진 내가 지금 막 내민 가장 강 한 카드보다도 게임의 승패에 더욱 커다란 영향을 미친다.

혼란스러울 때는 현명한 사람이나 사려 깊은 사람 곁 에 붙어 있어야 한다. 그런 사람에게는 언젠가 행운이 찾아오 기 때문이다. ✝

맑은 날에도 우산을 준비하라

행운이 찾아왔을 때 사람들의 호감을 더 쉽게 살 수 있으며 우정도 돈독하게 쌓을 수 있다. 비 오는 날에 대비해서 호감과 우정을 축적해둬라. 역경에 처하게 되면 필요한 것도 좀처럼 손에 넣지 못한다. 그리고 수중에는 아무것도 남아 있지 않게 된다.

자신을 흠모하는 친구나 감사의 마음을 잊지 않는 사람들을 소중히 여겨야 한다. 지금은 하찮은 것이라 할지라도 언젠가는 그 고마움을 알게 될 날이 올 것이다.

비열한 사람은 모든 일이 순조롭게 진행될 때에도 친구가 없다. 상대방을 친구로 인정하지 않기 때문이다. 그런 사람이 역경에 빠져 친구를 찾으면 이번에는 다른 사람들이 그를 상대하려 들지 않을 것이다. ✝

미인도 때에 따라서는 아름답지 않다

살다보면 틀림없이 운이 없을 때가 있다. 그럴 때는 무슨 일을 해도 잘 풀리지 않는다. 다른 일에 손을 대봐도 여전히 운이 따르지 않는다. 두어 번 시도를 해보고 운이 없다는 사실을 알았다면 바로 손을 떼야 한다. 이번만은 다를 것이라고 계속 시도하는 것은 결코 현명하지 못하다.

머리도 잘 돌아가는 날이 있는가 하면 그렇지 않은 날도 있다. 언제나 올바른 판단을 내리는 사람은 이 세상 어디에도 없다. 편지를 한 통 쓸 때도 운이 좋으면 좋은 내용의 글을 쓸 수 있다. 그와 마찬가지로 행운이 찾아오지 않으면 좋은 지혜도 떠오르지 않는 법이다. 무슨 일이든 시기가 좋지 않으면 좋은 결과를 기대할 수 없다. 미인도 아름답지 않게 보이는 때가 있다. 무슨 일이든 이치에 맞게 생각하는 날이 있는가 하면, 이치에 맞는 생각이라고는 조금도 찾아볼 수 없는 날도 있다. 그럴 때, 정확한 판단을 내릴 수 없다.

만족할 만한 성과를 올리기 위해서는 무슨 일에나 그에 합당한 시기가 있는 법이다. 하는 일마다 헛수고를 하는 날이 있는가 하면 아무런 어려움 없이 일을 척척 해치우는 날도 있다. 무슨 일을 해도 순조롭게 풀리며, 머리도 맑고, 마음도 안정되어 있다는 것은 행운의 별이 그의 머리 위에서 반짝이고 있다는 것이다. 그런 날이 찾아오면 그 기회를 놓치지 말고 철저하게 이용해야 하며 한순간도 소홀히 해서는 안 된다.

단, 운이 나쁘다고 해서 완전히 불행에 휩싸였다고 생각하는 것은 현명하지 못한 처사이다. 이와 마찬가지로 한두 번 운이 좋았다고 해서 행운이 찾아온 것이라고 속단해서도 안 된다. ✝

행운의 여신이 눈길을 주면 앞뒤 가리지 말고 대담하게 돌진하라

무엇인가를 시작할 때는 자신의 성격을 알고 체질을 파악하는 일보다도 운을 살펴보는 게 더욱 중요하다.

운명의 여신을 움직이는 법을 익히기 바란다. 때로는 좀처럼 모습을 드러내지 않아 마냥 기다려야 할 때도 있고 때로는 마음껏 이용해야 할 때도 있다. 여신의 변덕스러운 행동을 완전히 파악할 수는 없지만 길들일 수는 있다.

여신이 눈길을 주면 앞뒤 가리지 말고 대담하게 돌진하라. 요염한 여자가 활기찬 사내를 좋아하듯이, 여신은 두려움을 모르는 용맹한 자를 좋아한다. 운이 없을 때는 그저 가만히 있는 것이 가장 좋다. 더 이상 실수를 범하지 않도록 조용히 있는 것이다. 여신을 길들이기만 한다면 담대하게 첫발을 내딛을 수 있을 것이다. †

제9장

지혜를
더하기 위한
지혜

능력이 일시적이라면 지혜는 영원하다

제아무리 뛰어난 능력을 지녔다 하더라도 때가 맞지 않으면 그 힘을 발휘하지 못한다. 그들 모두 자신에게 맞는 시대에 태어났다고는 볼 수 없으며, 또 가령 그렇다 하더라도 그 이점을 완벽하게 활용한 사람은 그리 많지 않다. 다른 시대에 태어났더라면 그 이점을 활용할 수 있었던 사람도 있다. 아무리 뛰어난 사람이라 할지라도 어느 시대에서나 그 능력을 발휘할 수 있는 것은 아니다.

무슨 일에나 시기라는 것이 있다. 아무리 뛰어난 능력이라 할지라도 그 성쇠를 면할 수는 없다. 하지만 지혜는 다르다. 지혜에는 영원한 생명력이 있다. 지금 지혜가 요구되는 시대가 아니라고 한다면, 다른 시대에도 지혜는 요구되지 않을 것이다. ✝

지혜를 줄 때는 신중하게, 받을 때는 조심스럽게

기억력에 의존하기보다는 지성에 의존하는 편이 좋은 결과를 얻는 경우가 더 많다. 때로는 내가 상대방을 깨닫게 해야 하며, 또 때로는 그들과 앞일에 대해서 상의를 하는 것이 좋을 때도 있다. 이제 실행에 옮기기만 하면 될 정도로 시기가 무르익었음에도 불구하고 그것을 깨닫지 못해 기회를 놓쳐버리는 자가 적지 않다. 이럴 때는 한마디의 조언을 통해 지금이 그 시기임을 지적해주면 좋을 것이다.

당면한 문제가 무엇인지 즉석에서 판단할 수 있는 것은 뛰어난 재능이다. 그 능력이 없기 때문에 성공 가능성이 있음에도 불구하고 꽃을 피우지 못한 사람들이 많다.

지혜로운 자는 지혜를 다른 사람에게 나눠주고, 지혜가 없는 자는 지혜를 다른 사람에게서 구하라. 지혜를 주는 자는 신중하게, 받는 자는 조심스럽게 그것도 노골적으로 말하지 말고 넌지시 암시하는 걸로 그쳐라. 특히 조언해줄 사람의 이해관계가 얽힌 문제에 대해서 언급할 때는 이 사실을 잊어서는 안 된다.

상황을 잘 판단해서, 에둘러서 말하는 것만으로 결판이 나지 않을 때는 솔직하게 모든 것을 털어놓아라. 처음에는 '노'라는 대답을 들었지만, 다음에는 여러 가지 방법을 동원해서 '예스'라는 대답을 이끌어낼 수도 있다. 대부분 시도해보지도 않기 때문에 바라는 것을 얻지 못하는 경우가 더 많다. ✝

현자의 지혜를 탐하라!

모르는 것이 있으면 알고 있는 사람에게 물어봐라. 살아가기 위해서는 자신의 것이든 빌린 것이든 지혜가 필요하다. 하지만 세상에는 자신이 무엇을 모르는지조차 모르는 자가 많으며, 아무것도 모르면서 매우 지혜로운 사람처럼 행세하는 자들도 있다.

바보에게 듣는 약은 없다. 무지한 자는 자신에 대해서 알지 못하기 때문에 자신에게 무엇이 부족한지 알려 하지 않는다. 자신은 이미 모든 지혜를 맛보았다고 착각하지만, 이 사실을 알았다면 현자로서 그 이름을 남겼을 사람들도 있다.

다른 사람에게 조언을 구한다고 해서 위엄에 손상이 가는 것도 아니며, 재능을 의심받게 되는 것도 아니다. 오히려 더욱 좋은 평가를 얻기도 한다. 불행에 맞서 길을 개척하고자 할 때는 도리에 밝은 사람의 지혜를 빌려라! ✝

지혜와 용기는 수레의 양 바퀴이다

　　　　지혜와 용기가 수레의 양 바퀴가 되어 커다란 일을 가능하게 한다. 지혜와 용기는 모두 불멸하기 때문에 사람들에게 불멸의 영광을 가져다준다. 인간의 크기는 지혜에 따라 달라진다. 지혜가 있는 사람에게 불가능이란 없다.

　　　　평범한 사람은 머리 위에 있는 파리도 쫓지 못한다. 지혜가 눈이 되고 용기가 손이 된다. 용기 없는 지혜는 아무짝에도 쓸데없다. ✝

양식 없는 지식은 필요악이다

지식과 올바른 목적이 결합되면 풍성한 열매를 맺는다. 지식이 사악한 목적과 결부되어서는 안 된다. 악의는 완전 무결한 것까지도 좀먹는다. 거기에 지혜까지 가세한다면 그것을 막을 수 있는 것은 아무것도 없다.

뛰어난 재능이 비열함에 물들면 그 앞길에는 파국만이 있을 뿐, 양식 없는 지식은 막대한 피해를 준다. ✝

사람들과의 대화 속에서 얻는 지혜가 큰 도움이 되기도 한다

지식을 풍부하게 쌓으라. 현명한 사람은 세련되고 고상한 지식을 쌓아 그것으로 무장한다. 그것은 저속한 소문 같은 것이 아니라 오늘날의 여러 가지 현상들에 대한 실제적인 지식이다.

일곱 가지 교양과목*으로 식견을 높일 수 있다 할지라도, 사람들과의 얘기 속에서 얻는 지혜가 훨씬 더 커다란 도움이 되기도 한다. ✝

---

* 중세 유럽 학교에서 가르쳤던 교육과목. 문법, 수사학, 논리학, 산술, 지리, 천문, 음악

재능은 지성과 품성에 의해서 개발된다

재능은 지성과 품성이라는 두 가지 요소에 의해 만들어지며 개화한다. 그중 한 가지만 부족해도 성공을 장담할 수 없다. 높은 지성을 가진 것만으로는 충분하지 못하며, 이에 어울리는 품성도 갖추고 있어야 한다. 어리석은 사람은 자신을 둘러싸고 있는 상황, 입장, 교우관계를 소홀히 여겨 스스로 걸림돌을 만든다. †

생활에 필요한 실용적인 지식을 익혀라

고상한 사색에만 잠겨 있으면 세상일에 어두워지게 된다. 누구나 알고 있는, 생활에 꼭 필요한 지식을 모르기 때문에 천박한 일반대중의 웃음거리가 되며 무지한 사람이라고 여겨지는 것이다.

따라서 현자라 불리는 사람들도 비웃음거리가 되지 않을 정도의 실용적인 지식을 알아두어야 한다. 사무적인 일이나 일을 처리하는 사소한 방법 등을 알아두어야 한다. 그것은 인생에 있어서 그리 중요한 문제가 아닐지도 모르겠지만 생활에 있어서는 꼭 필요한 것들이다.

실제로 도움이 되지 않는 지식은 이 세상에 없는 것과 다를 바 없다. 오늘날에는 살아가는 기술을 알고 있는 자가 참된 지식인이라는 소리를 듣는다. ✝

제10장

·

보다 나은
인생을 보내기
위한 지혜

세상의 모든 것들을 맛볼수록 인생이 풍요로워진다

폭넓은 분야에 흥미를 갖고 지식을 넓힐수록 인생은 더욱 즐거워진다. 이 세상의 훌륭한 것들을 맛보는 기술은 인생을 잘 살아가기 위한 하나의 방법이다.

인간 속에는 자연의 모든 요소들이 담겨져 있다. 조물주가 그렇게 만들었다. 심미안을 키우고 지성을 쌓으며 모든 기술을 총 동원해서 이 세상의 모든 것들을 충분히 맛보도록 노력해야 한다. ✝

휴식 없는 삶은 괴롭다

나날의 일상에 쫓겨 억척스럽게 살아가는 삶에 만족해서는 안 된다. 휴식이 없는 삶은 괴로운 것이다. 그것은 여관에 들지 않고 긴 여행을 계속하는 것과 같다.

멋진 인생을 보내기 위해서, 우선은 고인故人들과 대화를 하며 시간을 보내면 좋을 것이다. 인간은 지식을 넓히고 자신을 알기 위해서 태어난 존재이다. 책은 사람을 참된 인간의 길로 안내하는 성실한 안내자이다.

그리고 두 번째로 해야 할 일은 지금 시대를 살아가는 사람들과 이야기를 나누는 것이다. 이 세상에 있는 모든 멋진 것들에 시선을 돌려라.

세 번째로 해야 할 일은 자신과의 대화이다. 철학적인 사색에 잠기는 것은 세상에서 가장 숭고한 기쁨이 된다. ✝

신념에 따라 행동하고, 진실의 편에 서라

정의를 부르짖는 사람은 많지만, 정의를 실천하는 사람은 거의 없다. 설령 정의를 행하더라도 위험이 미치지 않는 범위 내에서만 한다. 조금이라도 신변에 위협을 느끼면 사기꾼들은 정의를 버리며, 정치가들은 교활하게 정의의 깃발을 내리고 모른 척 시치미를 뗀다.

정의는 때때로 우정, 권력은 물론 자신의 이익조차도 거침없이 던져버린다. 약삭빠른 사람들은 교활한 궤변을 늘어놓으며 '보다 고매한 목적을 위해서' 혹은 '안전을 확보하기 위해서'라는 그럴듯한 명분을 내세운다.

하지만 진실된 사람은 이러한 속임수를 용서할 수 없는 배신이라 생각하고 약삭빠르게 입장을 바꾸지 않는다. 더욱 자부심을 갖고 신념에 따라 행동하며, 언제나 진실의 편에 서려고 한다. ✝

벌은 꿀을 찾아 날고, 뱀은 독을 찾아 돌아다닌다

어떤 일에서나 좋은 점을 찾아낼 줄 아는 것은 그 사람에게 주어진 행운이라고 할 수 있다. 벌은 달콤한 꿀을 찾아 날아다니며, 뱀은 씁쓸한 독을 찾아 돌아다닌다. 사람의 취향도 이와 마찬가지로 좋은 면만을 보려 하는 사람이 있는가 하면 나쁜 면에만 시선을 돌리는 사람도 있다.

세상에는 불행한 성격을 가진 사람들이 있는데, 그들은 뛰어난 자질을 헤아릴 수도 없이 많은 사람의 유일한 결점을 찾아내 비난하고, 대수롭지도 않은 결점을 큰일이라도 난 것처럼 떠들고 다닌다. 사소한 착각이나 잘못된 판단 등 다른 사람의 하찮은 실수를 눈에 불을 켜고 찾아내며 좋지 않은 점만을 찾아다닌다.

하지만, 사람의 오점이나 결점을 찾아내는 일이 곧 마음의 부담이 되어 견딜 수 없는 고통에 시달리게 될 것이다. 그 고통은 어리석음에 대해 내려진 형벌인데, 그들이 아무리 고통스러워할지라도 자신의 잘잘못을 깨달았는지는 알 수 없다.

이런 인간이 행복할 리가 없다. 씁쓸한 독을 찾아다니며, 다른 사람의 하찮은 결점만이 뱃속에 가득하기 때문이다. 좋은 취향을 가진 사람은 행복하다. 그들은 결점투성이인 사람에게도 행운의 여신이 내린 몇몇 장점이 있다는 사실을 금방 찾아내곤 한다. ✝

Great Message 171*

자신만의 고유한 재능을 개발하면 다른 재능도 동시에 개발된다

자신이 가지고 있는 특별히 뛰어난 재능이 무엇인지를 알아두어야 한다. 그 재능을 키우면 다른 자질도 함께 자라난다. 자신의 천성을 잘 파악하고 있으면 누구나 한 분야에서 두각을 나타낼 수 있다. 자신의 특질 중에서도 가장 뛰어난 것이 무엇인가를 파악해 한층 더 힘을 기울여 그것을 단련 시켜야 한다. 뛰어난 판단력을 가진 자가 있는가 하면 용맹스러운 자도 있다.

하지만 대부분의 사람들은 지식을 쌓는 데만 무리하게 노력을 기울여 결국에는 아무것도 이루지 못하고 끝을 맺는다. 주위가 제대로 보이지 않아 자만에 빠지게 되지만 곧 때가 오면 자신의 실수를 깨닫게 된다. 하지만 때는 이미 늦었다! †

어리석은 자의 행동에는 눈을 감아라

충명한 자일수록 사람을 보는 눈이 엄격해진다. 지식이 더할수록 인내심이 약해지기 때문이다. 학식 높은 사람의 눈에 차는 사람은 그리 많지 않다.

그리스의 철학자 에픽테토스는 '살아가는 데 있어서 가장 중요한 것은 무슨 일이든 참아내는 것이다. 이 사실을 안다면 인생의 지혜 중 절반을 깨달은 것이다.'라고 말했다. 어리석은 자의 행동을 못 본 척 눈감아 준다는 것은 대단한 인내심을 필요로 한다.

하지만 바로 그때가 인내심을 기를 절호의 기회이다. 인내심은 더할 나위 없는 평안을 사람에게 가져다준다. 그 평안함이야말로 인생에 있어서 가장 커다란 행복이다. ✝

사람들은 아폴론보다는 카멜레온을 좋아한다

모든 저속함을 배제하라. 우선 취향에 서부터 저속함을 배제해야 한다는 것은 말할 필요도 없겠다. 참된 현자는 한시라도 세속의 인기를 얻어야겠다거나 대중의 갈채를 받고 싶다고 생각하지 않는다.

반면에 사람들의 인기를 모아 그것을 자랑스러워하는 카멜레온*같은 사람도 있는데 이런 사람들은 아폴론**의 은밀한 숨결보다 군중들 사이에서 피어오르는 사람 냄새를 더욱 좋아한다.

대중은 범속하고 어리석은 자에게는 칭찬의 박수를 보내지만 참된 조언은 고마워하지 않는다. ✝

* 허영의 상징인 카멜레온은 공기를 먹고 산다고 알려졌다.
** 그리스 신화에 나오는. 예언, 의술, 음악, 시, 광명의 신이다. 후에 태양신과 동일시 되었다.

달콤한 꿀은 날카로운 침을 이웃으로 삼고 있다

정신은 육체보다 더 대담하다. 그것은 검劒을 손에 든 자의 대담함이다. 그 검을 사려분별이라는 칼집에 넣어 만일의 경우에 대비하는 것이 좋을 것이다. 그것으로 자신의 몸을 지키는 것이다. 나약한 정신은 허약한 육체보다 더 큰 해악이 된다. 뛰어난 자질을 가지고 있으면서도 용기가 부족해 마치 죽은 사람처럼 하루하루를 보내거나 권태 속에 파묻혀 사는 사람들이 이루 헤아릴 수 없이 많다.

달콤한 꿀은 날카로운 벌의 침을 이웃으로 삼고 있는데 이는 사려 깊은 자연이 교묘하게 배치를 해놓은 것이다. 사람의 몸에도 신경과 뼈가 있다. 정신도 그저 부드러워서만은 안 되는 것이다. ✝

성향이 반대되는 사람에게는 중용을 배울 수 있다

'성급한 사람은 느긋한 사람과 친하게 지내라.'는 말처럼 각자 자신의 성격과 반대되는 사람을 친구로 고르면 좋을 것이다. 그렇게 하면 특별히 노력하지 않아도 온건하고 절도 있는 사람이 될 수 있다.

자신을 상대방에게 맞추는 것이 중요하다. 정반대되는 성향이 서로에게 작용해서 이 세상에 아름다움이 태어나고, 질서가 유지되며, 자연계뿐만 아니라 인간사회에도 더욱 커다란 조화가 이루어진다.

친구나 부하를 선택할 때도 이 충고를 염두에 두고 판단하기 바란다. 전혀 상반되는 사람들과의 교류를 통해 사려 깊고 분별력 있는 중용의 덕을 익히게 된다. ✝

지성, 판단력, 취미는 삶에 생기를 불어넣는다

인생에 커다란 열매를 맺게 하는 세 가지가 있다. 그 세 가지란 풍부한 지성과 냉철한 판단력, 그 사람에게 어울리는 취미이다.

뛰어난 상상력을 가진 것도 뛰어난 재능이지만, 이성적인 판단이 가능하며 사물을 구별해낼 줄 아는 안목이 더욱 멋진 재능이다. 지성은 날카롭지 않으면 안 된다. 지혜가 결핍된 지성은 아무짝에도 쓸모 없다.

20대에는 의지가, 30대에는 지성이, 40대에는 양식이 인간을 지배한다. 어둠 속에서 들고양이의 눈이 반짝 빛나듯이 세상을 이성의 빛으로 비추는 지혜로운 자들이 있다. 한 치 앞도 보이지 않는 깊은 어둠 속에서 그들의 이성은 더욱 빛을 발한다. †

자신을 위해서만 또는 다른 사람을 위해서만 살지 마라

자신을 위해서만, 혹은 다른 사람을 위해서만 사는 것은 매우 어리석은 삶의 방식이다.

자기만 생각하는 사람은 무엇을 봐도 전부 자신의 것으로 만들고 싶어 한다. 아무리 사소한 것도 다른 사람에게 양보하지 않으며 쾌적한 생활을 지탱해주고 있는 것은 무엇 하나 포기하려 하지 않는다. 다른 사람들이 이런 사람을 좋아할 리가 없다.

때로는 남을 위해서 살아봐야 한다. 그러면 사람들도 내게 친절을 베푼다. 공무원으로 일하는 사람이라면 국민들의 심부름꾼이 되어야만 한다. '그 무거운 짐을 짊어지든지 아니면 자리에서 물러나야 한다.'고 어느 노파가 로마의 황제인 하드리아누스에게 말했다.

또 사람들 중에는 남을 위해서만 살아가는 사람도 있다. 이런 어리석고 지나친 행동은 한심하기 그지 없다. 이런 사람에게 자신을 위한 시간은 하루, 아니 단 한 시간도 없다. 오직 다른 사람을 위해서만 봉사하는 것이다.

지식도 마찬가지다. 다른 사람에게 도움이 되는 것이라면 무엇이든 알고 있지만 정작 자신에게 필요한 것은 아무것도 모르는 자들이 있다. 사람들이 다가오는 것은 자신의 이익을 위해서이다. 그들에게 관심의 대상은 상대방이 얼마나 자신에게 도움이 될까 하는 것뿐이다. 다른 사람만을 위해 사는 사람들은 결국 이런 사람들에게 이용만 당하고 정작 자신에게 남은 것은 아무것도 없다. ✝

목표로 삼을 만한 위인을 가슴에 품으라

세상에는 표본이 될 만한 위인들이 얼마든지 있다. 그들은 삶의 교과서이다. 각자 자신의 전문 분야에서의 일인 자를 선택하라. 그 사람을 따르기 위해서가 아니라 그 사람을 따라잡기 위해서다.

알렉산드로스 대왕이 아킬레우스의 무덤 앞에서 눈 물을 흘린 것은 아킬레우스를 애도하기 위해서가 아니라, 아 킬레우스와 달리 아직껏 명성을 얻지 못한 자신의 처지 때문 이었다*.

높이 울려 퍼지는 다른 사람의 명성을 듣는 것처럼 야심을 자극하는 것도 없다. 그것을 들으면 경외하는 마음이 생기고 질투심이 사라져 품격 높은 행동을 하게 된다. †

---

* 플루타르코스의 『영웅전』에 의하면, 호메로스로 인해 아킬레우스의 이름이 영원히 남게 된 것 을 질투한 알렉산드로스 대왕은 그의 무덤 앞에서 눈물을 흘렸다고 한다.

내면에 감춰진 너 자신을 알라

자신의 성격, 지성, 판단력, 감정을 잘 파악하라. 스스로 알고 있지 못하면 자신의 몸조차도 마음대로 움직일 수 없게 된다. 얼굴을 비추는 거울은 얼마든지 있다. 하지만 정신을 비추는 거울은 오직 하나, 자신에 대해서 깊이 생각하는 것 말고는 없다.

외면에 신경을 쓰지 않아도 좋을 정도가 되었다면 내면을 향상시키고 연마하기에 힘을 써라. 무엇인가를 시작할 때는 판단력과 통찰력에 문제가 없는지 잘 확인해보라. 그리고 도전할 만한 힘이 자신에게 충분히 있는지를 판단하라. 지식의 깊이를 측정하고 능력이 어느 정도인지를 미리 파악해 두어야 한다. ✝

세상에서 인정 받으려면, 먼저 저명한 사람들에게 인정을 받아라

무엇이든 마음먹기에 따라 처음부터 끝까지 좋은 점만 보이기도 하고, 나쁜 점만 보이기도 하는 법이다. 어떤 사람에게는 간절한 것일지라도 다른 사람에게는 더할 나위 없이 하찮은 것으로 보이기도 한다.

무엇이든 자기 혼자만의 평가는 어리석기 짝이 없다. 정말 뛰어난 것이라면 그 가치를 인정하는 자가 오직 한 명밖에 없을 리 없다.

사람들의 얼굴이 제각각이듯이 취향도 천차만별이다. 어떤 사람에게는 결점이라고 생각되는 것도 반드시 그 가치를 인정해주는 사람이 있기 마련이다. 설사 자신이 한 일이 일부 사람들에게 좋은 평가를 얻지 못했다 하더라도 결코 낙담할 필요는 없다. 그것을 높이 평가해줄 사람이 어딘가에는 반드시 있기 때문이다. 하지만 그 칭찬에 기뻐하고 있으면 곧 다른 곳에서부터 들려오는 비난을 받게 되므로 중심을 잘 잡아야 한다.

세상에서 인정을 받으려면 저명한 사람들로부터 인정을 받아야 한다. 그런 사람들은 어떤 종류의 일에 대해서든 올바른 판단을 내릴 수 있기 때문이다. 사람은 하나의 생각만을 지키며, 하나의 습관에만 따르고, 하나의 시류에만 영향을 받으며 사는 것이 아니다. ✝

사람들에게 인정을 받는 직업을 선택하라

산들바람이 전하는 생명과 활력을 머금고 꽃이 피듯, 사람들에게 좋은 평가를 얻어야만 참된 인간이 된다.

많은 사람들에게 갈채를 받는 직업이 있는가 하면 그보다도 중요하지만 사람들의 시선을 끌지 못하는 직업도 있다. 전자는 누구의 눈에나 띄는 일이기 때문에 세상 사람들에게 호감을 줄 수 있지만, 후자는 흔하지도 않으며 보다 높은 기술을 요하는 일임에도 불구하고 사람들의 눈에 띄지 않기 때문에 이를 아는 자들이 거의 없다.

재능이 있는 사람은 모든 사람들이 주목하며 목표로 삼고 있는 직업을 택해야 한다. 그러면 세상 사람들에게 인정받아 이름을 영원히 남길 수 있다. ✝

Great Message 182*

고상한 사람일수록 고상한 취미를 갖는다

지성을 풍부하게 개발 시킬 수 있는 것처럼 취미도 세련되게 만들 수 있다. 취미에 대한 이해가 깊어지면 그것에 더욱 몰두하고픈 욕구가 생겨난다. 그리고 그것을 달성하면 더욱 커다란 희열을 맛볼 수 있다.

뛰어난 사람을 만족시키려면 그럴 만한 가치가 있어야 한다. 커다란 것을 물려면 턱도 커야 한다. 고상한 사람에게는 고상한 취미가 어울린다.

조금의 흠집도 없는 일품 중의 일품은 흔히 볼 수 없다. 가능한 한 많은 것들을 접해 보는 눈을 키우도록 노력해야 한다. 취미는 사람들과의 만남 속에서 향상되며, 나날의 단련을 통해서 자신의 것으로 만들 수 있다. 취미의 정수를 맛본 사람을 만나게 된다면 그보다 더한 행운도 없을 것이다. ✝

생각할 때는 소수파, 대화할 때는 다수파가 되라

흐름에 역행하여 배를 젓는다고 해서 진실을 발견하는 것도 아니며, 또한 매우 위험한 일이기도 하다. 이 세상에 만연한 기만은 악과 다를 바 없다. 사람들 앞에서 하는 얘기만 듣고는 누가 현명한 사람인지 구별해낼 수 없다.

현명한 사람은 본심을 드러내지 않으며, 마음 깊은 곳에서는 큰소리로 비난하면서도 이야기를 할 때는 어리석은 대중에 맞춰 말을 하기 때문이다.

사려 깊은 사람은 자신의 의견이 부정당하는 것도, 다른 사람의 생각에 이의를 제기하는 것도 피하려 한다. 마땅히 비난해야 할 점이 눈에 띄어도 사람들 앞에서 좀처럼 입에 담지 않는다. 현명한 사람들은 입을 다물고 물러나 앉아 있으며, 이해심 깊은 극소수의 사람들을 상대할 때만 속내를 털어놓는다. ✝

가장 중요한 일부터 먼저 처리하라

노력을 필요로 하는 일이나 고생스러운 일을 나중으로 미루는 자들이 있다. 가장 중요한 일부터 먼저 처리하고 그런 다음 시간이 있을 때 다른 일을 해야 한다.

싸우지도 않고 승리를 거두고 싶어 하는 자들이 있다. 하찮은 지식을 쌓기에만 힘쓰며, 말년이 되어서도 명성을 가져다주는 유익한 학문은 익히려 하지 않는 자들도 있다. 지금부터 재산을 모아보자고 결심했지만 이미 인생의 말년에 와버린 사람들도 있다. 지식을 쌓는 데도, 인생을 살아가는 데도 때가 있다. ✝

어리석은 사람은 같은 실수를 반복하고, 현명한 사람은 매번 다른 실수를 한다

한 가지 거짓말을 하면 그것을 수습하기 위해서 더 큰 거짓말을 하게 된다. 어리석은 행동도 이와 마찬가지이다. 어리석은 행동을 어리석은 행동이라고 인정하지 않고 자신을 정당화하려 들면 미궁에 빠져들며, 더욱 커다란 재앙을 부르게 된다.

실수를 하면 벌금을 내야 한다. 자신의 어리석은 행동을 정당화하려 들거나 잘못을 만회하려 어리석은 행동을 거듭하면 벌금은 더욱 불어난다.

현자 중의 현자라 불리는 사람일지라도 한 번 정도는 실수하기 마련이다. 하지만 두 번 되풀이하는 일은 없다. 실수를 했다 할지라도 바로 자신의 잘못을 고치고 잘못된 행동과는 완전히 단절 시키기 때문에 그들이 현자라는 말을 들을 수 있는 것이다. †

다른 사람의 행복을 부러워 말고 자신의 행복에 만족하라

무지한 사람은 아무리 커다란 행운이 찾아와도 행복하다고 생각하지 않으며, 지성이 다른 사람보다 떨어진다 해도 불행하다고 생각하지 않는다. 자신의 행복에 만족하지 못하는 사람은 다른 사람의 행복을 부러워하는 법이다. 그들은 지난 일을 그리워하며, 현재에 만족하지 못하고 손이 닿지 않는 곳에 있는 것을 잡으려고 한다. 무엇이든 옛날 것을 좋게 보며, 멀리 있는 것을 소중하게 생각한다.

현재를 무시하는 자는 어떤 일에서도 기쁨을 찾지 못하고 비탄에 빠지게 된다. ✝

희망은 삶의 동력이다

바라는 것이 없다는 것은 행복한 일이지만, 미래에 대한 희망이 없다는 것은 불행한 일이다.

몸은 언제나 숨을 쉬고 있으며, 정신은 끊임없이 무엇인가를 추구하고 있다. 모든 것을 손에 넣는다면 무엇을 봐도 설레지 않을 것이다. 지식에 있어서도 아직 배울 것이 남아 있다면, 호기심을 채워줄 뭔가가 필요하다.

사람은 희망이 있기 때문에 살아갈 수 있다, 무엇이든 손에 넣어 모든 행복을 맛보게 되면 이제 죽음만을 기다려야 할지도 모른다. 상대방의 공적에 보답할 때도 상대방을 완전히 만족시켜서는 안 된다. 바라는 것이 없어진 뒤가 무섭기 때문이다. 행복하기 때문에 불행한 것이다. 욕망이 사라지면 공포가 엄습하는 법이다. ✝

행동할 때는 신속하게, 즐길 때는 느긋하게

서둘러서는 안 된다. 행운이 다한 뒤에도 삶은 남아 있다. 행복한 순간을 마음껏 맛보지 못하고 헛되이 보내다가, 행운이 떠난 뒤에 뒤돌아서 행복했던 시간으로 되돌아가고 싶다고 바라지만, 그것은 이룰 수 없는 바람이다.

급한 성격을 참지 못해 무슨 일이든 뒤죽박죽 서둘러 처리해버린다. 평생이 걸려도 소화하지 못할 것을 하루 만에 먹어치우려 한다. 앞날의 성공을 믿고 지금 해서는 안 될 일에 손을 대며, 단번에 시간을 뛰어넘으려 한다.

인생에는 행운이 찾아오는 날보다 그렇지 못한 날이 더욱 많다. 행동해야 할 때는 신속하게 행동하고, 즐길 때는 천천히 즐겨야 한다. 그렇게 하지 않으면 시간이 흐른 뒤에, 훌륭한 업적을 거둘 수 있을지는 몰라도 삶은 매우 황폐해져 있음을 알게 된다. ✝

불행과 맞서 싸우다보면 운명도 바뀌게 된다

괴로운 상황에 직면했을 때, 용기만큼 의지가 되는 것도 없다. 용기가 없는 자는 마음을 단련하는 데 힘써야 한다. 용기가 넘치며 자신감이 있는 사람은 어떤 고뇌에도 잘 견딘다. 결코 운명에 굴복해서는 안 된다. 운명에 굴복하면 불운이 또 다른 불운을 불러와 더욱 견디기 어려운 상황에 직면하게 될 것이다.

고뇌의 한가운데서 그저 팔짱만 끼고 있는 사람들이 있다. 그들은 고뇌를 견디는 방법을 모르기 때문에 더욱 괴로운 고통을 맛보게 된다. 자신에 대해서 잘 알고 있는 사람은 생각에 생각을 거듭해 자신의 약점을 극복한다. 분별력 있는 사람은 어떤 일에도 굴하지 않으며 운명까지도 바꿔버린다. ✝

진실은 깊은 곳에 은밀히 감춰져 있다. 그래서 소중하다

사물의 겉모습에 현혹되지 말고 깊은 내면으로 시선을 돌려라. 이 세상에 겉모습과 일치하는 것은 거의 존재하지 않는다. 무지한 사람은 겉모습만을 보기 때문에 무슨 일이든 끝까지 해보기 전에는 그 실체를 파악하지 못한다. 무엇이든 처음에 보이는 것은 거짓이라고 생각해도 좋다. 하지만 부박浮薄하고 어리석은 사람은 그 거짓의 그물에 걸려들고 만다.

진실은 언제나 나중에 보이는 법이다. 시간의 흐름과 함께 천천히, 가장 마지막에 모습을 드러낸다. 사려 깊은 자는 만물의 어머니인 자연이 귀를 두 개 주었다는 사실에 감사하며 한쪽 귀는 진실을 듣기 위해서 남겨둔다.

진실은 깊은 곳에 은밀히 숨겨져 있다. 그것을 꿰뚫어 볼 힘이 있는 현자들은 바로 그렇기 때문에 진실을 더욱 중요하게 여기는 것이다. ✝

폭풍이 휘몰아 칠 때는 바다에 나가지 마라

파도가 거칠 때는 바다에 접근하지 않는 것이 현명한 것처럼, 친구나 지인들 혹은 세상 사람들의 마음에 동요가 일었을 때는 가만히 놔두는 것이 상책이다. 여러 사람들과 함께 살다 보면 당연히 감정의 엇갈림이 생겨 소란이 일어나게 되는데, 그런 폭풍우가 휘몰아칠 때는 안전한 항구로 대피해서 파도가 잔잔해지기를 기다리는 것이 최선의 방책이다.

사태를 수습하겠다고 어설프게 손을 내밀었다가는 오히려 더 큰 재앙을 부르게 될지도 모른다. 모든 것을 흐름에 맡기고 사람들의 마음이 올바른 방향으로 향하기를 기다려라. 현명한 의사는 언제 손을 써야 하는지, 또 언제 손을 써서는 안 되는지를 잘 알고 있다. 때로는 아무런 치료도 하지 않는 게 환자를 위해서 좋은 경우도 있다. 손을 들어 항복해버리는 것이 미친 듯이 날뛰는 사람들의 마음을 진정시키기도 한다.

한동안 시간이 흐르기를 기다리면 소란도 곧 잔잔해
지는 법이다. 맑은 물을 흐리는 것은 아주 간단하다. 하지만
그것을 이전처럼 깨끗한 물로 만드는 것은 사람의 힘으로 할
수 없는 일이며, 그저 그대로 내버려둘 수밖에 없다. 소동이
일어났을 때는 모든 것을 그대로 내버려두고 저절로 가라앉을
때까지 기다리는 것이 최선책이다. ✝

긁어 부스럼을 만들지 마라

살다보면, 심각하게 고민해야 할 정도로 중대하고 복잡한 문제는 그리 자주 일어나지 않는다. 그냥 내버려두면 될 일을 진지하게 생각하는 건 어리석다. 문제가 될 만한 일이라 할지라도 그냥 방치해두면 어느새 하찮은 일이 되기도 한다.

하지만 이와는 반대로 하찮은 일에 자꾸만 신경을 쓰다 보면 커다란 문제로 발전해버린다. 때로는 문제를 해결하려고 손을 썼다가 새로운 문제를 일으키기도 한다. 살아가는 동안 어떤 일에 손을 대지 않고 그냥 내버려둠으로 해서 해결되는 경우가 생각보다 많다. ✝

무례한 행동보다는 지나친 예의가 훨씬 낫다

예의는 교양인이 갖추어야 할 중요한 요건 중 하나이며, 그것이 하나의 매력이 되어 사람들의 마음을 사로잡기도 한다. 예의 바른 사람은 모든 사람들로부터 사랑 받는다.

이와 반대로, 사람들은 거친 사람을 경멸하고 싫어한다. 자만심이 너무 강해서 무례한 행동을 하는 사람은 다른 사람의 미움을 산다. 가정교육을 제대로 받지 못해 예의를 모르는 사람은 멸시를 당한다. 예의에 무감각해서 정중하지 못한 행동은 상대방을 존중하는 태도라고 말할 수 없다. 지나치게 예의 바르게 행동하는 편이 차라리 나을 것이다.

상대방을 만날 때 예의를 지키면 상대방도 예의를 갖춰 나를 대할 것이다. 이것이 상대방을 존중하고 예의 바르게 행동함으로 해서 얻을 수 있는 이익이다. 다른 사람에게 예의 바르게 행동한다고 해도 잃을 것은 아무것도 없다. ✝

새 술은 새 부대에 담아라

　　　지식이 존중받지 못하는 시대라면 무지를 가장하는 것이 좋다. 사고방식이 변하면 그에 따라서 가치관도 변한다. 지난날의 사고방식은 통하지 않는다. 현대에 맞는 가치관을 지녀야 한다. 지난날의 행동방식, 사고방식이 아무리 마음에 든다 하더라도, 오늘날에 유행하는 옷을 입는 것처럼 생각도 현대의 옷을 입혀야 한다.

　　　지금 어떤 것이 우세한지를 잘 파악해야 한다. 무슨 일에 있어서나 이것이 중요하다. 필요하다면 우선 시대의 흐름에 맞춰서 세상 사람들이 인정하는 가치관을 따르다가 차후에 자신의 목표를 향해 나갈 필요가 있다.

　　　이 사실을 염두에 두고 살아간다면 크게 문제될 것은 없지만 한 가지 예외가 있다. 그것은 인간의 덕과 관련된 문제이다. 진실을 말해야 한다거나, 약속을 지켜야 한다는 등, 옛날부터 미덕으로 여겨왔던 것들 중 많은 것들이 지금은 시대착오적인 생각이라고 여겨지게 되었다. 하지만 사람은 언제나 도덕에 어긋나지 않는 삶을 살아야 한다.

　　　덕망 높은 사람은 언제나 사람들의 사랑을 받아왔지만, 지금은 먼 옛날 한가로운 시대에나 존재하던 사람들이라고 취급된다. 오늘날에도 그와 같은 사람들이 없는 것은 아니지만, 있다 하더라도 매우 드물며, 사람들은 그들을 본받으려 하지 않는다. 유덕한 인사는 좀처럼 찾아볼 수 없으며 악덕만이 판치고 있는 현대는 그 얼마나 슬픈 시대란 말인가? ✝

위험한 다리는 건너지 마라

모든 일의 양극단에는 커다란 간극이 있어서 그리 간단하게 진로를 바꿀 수 없다. 때문에 사려 깊은 사람들은 언제나 중용을 지킨다. 그들은 생각에 생각을 거듭한 뒤에 몸을 움직인다. 위험을 극복하기보다는 몸을 숨기고 있는 편이 훨씬 더 낫기 때문이다.

위험한 다리는 건너지 마라. 궁지에 몰리게 되면 올바른 판단을 내릴 수 있을지 없을지 모르기 때문에 위험에는 절대 다가가지 않는 편이 좋을 것이다. 한 번 재난에 휩싸이게 되면 더욱 커다란 재난이 차례차례 엄습해와 결국에는 파멸의 늪에 빠지고 만다. ✝

격렬한 분노의 대항마는 자제력이다

격렬한 분노나 커다란 기쁨에 빠져서 한순간이라도 이성을 잃게 되면 평소의 냉정한 태도와는 전혀 다른 어처구니없는 행동을 저지르게 된다. 한순간의 격정을 참지 못해 평생 후회할 만한 일을 하게 될지도 모른다.

교활한 사람은 일부러 상대방이 화를 낼 만한 덫을 놓아 상대방을 살펴 본심을 알아내려 한다. 뛰어난 사람들의 비밀을 캐내며, 마음 깊은 곳까지 들여다보려 한다.

그런 덫에 대항하기 위해서는 자제력을 발휘하는 수밖에 없다. 충동에 휩싸여 행동해서는 안 된다. 야생마처럼 날뛰는 감정을 억누르는 데는 굉장한 분별력이 필요하다. 격렬한 감정의 소용돌이 속에서도 이성을 잃지 않을 정도의 분별력을 가지고 있다면 무슨 일에나 현명하게 대처할 수 있을 것이다. ✝

어리석은 자의 행복 중 하나는 자기만족이다

자신에게 불만을 느끼며 살아가는 것은 바람직하지 못하다. 그래서는 무슨 일이든 자신감을 가지고 임할 수 없다. 그렇다고 해서 자신에게 완전히 만족하는 것도 역시 좋은 것은 아니다. 그것은 어리석은 자라는 증거이다.

자기만족은 무지에서 생겨난다. 무지는 어리석은 자의 행복이다. 자신은 더할 나위 없이 기쁘겠지만 그에 대한 세상의 평가는 뚝 떨어질 것이다. 다른 사람의 장점이나 뛰어난 능력, 성취한 위업의 가치를 모르기 때문에 자신이 평범하고 하찮은 인간이라 할지라도 만족할 수 있는 것이다.

자신에게 완전히 만족하지 않고 무슨 일에나 주의를 기울여 임하는 것이 좋다. 그 덕분에 좋은 결과를 얻게 될 수도 있고, 설령 그렇지 않다 하더라도, 위로를 얻을 수 있다.

실패했을 경우를 미리 상정해둔다면 실수를 하더라도 크게 당황하지는 않을 것이다.

호메로스도 걸핏하면 조는 실수를 범하곤 했다. 알렉산드로스 대왕도 그 지위를 위협받고, 자신의 꾀에 자신이 넘어간 적도 있었다. 일의 성패는 그때그때 상황에 따라서 달라진다. 멋진 성공을 거둘 때도 있고 실패에 그칠 때도 있다.

하지만 어리석기 짝이 없는 자는 결과가 어떻든 절대 신경 쓰지 않는다. 언제나 자신에게 만족하고 있기 때문이다. 이런 사람들은 가슴속에 공허한 자기만족의 꽃을 피우며, 그 꽃에서 다시 새로운 자기만족의 씨앗을 얻는다. ✝

일보다는 지식을 쌓는 데 시간을 투자하라

자신에게 맞지 않는 일에 휘둘리기보다는 여가를 충분히 즐기는 편이 낫겠다.

시간은 누구에게나 공평하게 주어져 있다. 인생은 귀중한 것이다. 그 소중한 시간을 기계적이고 변화 없는 일에 사용한다는 것은 어리석은 짓이며, 자기 능력 이상의 어려운 일에 매달려 악전고투하는 것도 한심한 일이다. 일이 무거운 짐이 되어서는 안 되며 그 때문에 괴로워해서는 더더욱 안 된다. 그러면 인생은 엉망이 되고, 정신은 병들어 살아가는 것조차 버거워진다.

이런 생각을 지식에도 적용시켜 인간은 억지로 지식을 쌓지 않아도 된다고 생각하는 자들도 있다. 하지만 인간은 지식이 없으면 살아갈 수 없다는 사실을 잊어서는 안 된다. ✝

여신은 떠나는 자에게는 참으로 쌀쌀맞게 대한다

기쁨의 문을 통해서 행운의 여신이 사는 집으로 들어가는 자는 슬픔의 문에서 나올 수 있다. 모든 일은 결말이 중요하다. 박수갈채를 받으며 들어서기보다는 유종의 미를 거두고 퇴장할 수 있도록 노력해야 한다.

운이 좋다고 일컬어지는 사람조차도 순풍에 돛을 단 듯 시작했다가 비극적인 결말을 맞이하는 경우가 종종 있다. 중요한 것은 환호성과 함께 결승점에 도달하는 것이 아니다. 그것은 지극히 당연한 일이다. 그보다는 사람들의 안타까움 속에서 떠나는 것이 더 중요하다.

은퇴하겠다는 사람을 말리는 경우는 극히 드물다. 행운의 여신이 문밖까지 배웅을 나가는 경우 역시 극히 드문 일이다. ✝

매일매일 자신의 목표에 대해 생각하는 시간을 가져라

내일, 그리고 먼 훗날에 대해서도 오늘 생각하라. 생각하는 시간을 갖는 것이 장래를 위한 가장 큰 배려가 된다. 미리 주의를 기울이고 있으면 불운에 휩싸이지 않으며, 먼저 대비를 해놓으면 궁지에 몰리는 경우도 없다. 장래의 어려움에 대비해서 미리 생각해두는 시간을 아껴서는 안 된다. 지혜를 짜내서 위기를 미연에 방지해야 한다.

어려운 사태에 직면했을 때는 숙고에 숙고를 거듭할 필요가 있다. 하지만 잠자리에서까지 고민하면 아무런 도움이 되지 않는다. 궁지에 몰려서 생각이 막혔을 때는 잠들지 못한 채 누워 있기보다는 얼른 자버리는 편이 좋다. 그러면 후에 좋은 생각이 떠오른다.

행동만 앞서며 생각은 뒤로 미루는 자들이 있다. 일의 결말에 대한 책임은 회피한 채 핑계거리만 찾는 무리들이다. 그리고 사전에도 사후에도 전혀 생각이라는 것을 하지 않는 자들도 있다.

사람은 목표를 향해 나아가며, 하루하루 그곳에 이르는 길에 대해 생각하며 살아야 하는 법이다. 미리미리 잘 생각해보고 장래를 위한 배려를 하는 것은 수준 높은 삶을 살아가기 위한 최선의 방법이다. ✝

에필로그

이 책의 원저자인 발타자르 그라시안은 17세기 에스파냐의 작가이다. 1601년에 아라곤 지방의 조그만 마을에서 태어나 18세 때 예수회의 성직자가 된 그는 이후 50년 동안 교단활동에 종사했다. 예수회 신학교에서 철학 등을 강의했으며 교장과 같은 관리자에 올랐다. 1646년, 에스파냐가 프랑스와 전쟁을 치를 때에는 종군 사제로 전선에 나가기도 했다. 전선에서 열변을 토하는 그를 병사들은 열렬하게 맞이했으며 '승리의 신부'로 불렀다.

그라시안의 첫 번째 저서는 이상적인 지도자상을 그린 『영웅론』(1637)이었으며, 뒤이어 저술한 『위정자爲政者』(1646)에서는 당시 에스파냐 왕인 페르난도 2세의 정치적, 도덕적인 위대함에 대해서 논했다. 그리고 『현자론』(1646)에서는 현명한 인간이 타락한 사회에서 살아남기 위한 방책에 대해서 고찰했다. 또한 사물의 이치를 깨달은 총명한 사람들이 악의에 가득 찬 어리석고 저열한 인간들과 함께 살아가는 데 필요한 지혜를 집대성한 것이 이 책의 바탕이 된 잠언집 『신탁필휴神托必携』(1647)이다.

이는 그동안의 저작들 속의 글을 뽑아 엮은 것인데, 시간과 장소, 상대방에 따라서 책략을 세우고 기만도 굳이 마다하지 않는 마키아벨리적인 처세술을 담았다. 만년에는 인간생활의 여러 가지 모습을 우의적으로 날카롭게 비판한 소설 『비판자』(전 3권, 1657)를 발표했다. 인간의 악한 모습을 노골적으로 드러낸 이 이야기는 피카레스크 소설의 선구로 불리고 있다.

그라시안은 대부분의 저작에 필명을 사용했으며, 예수회의 허가를 받지 않고 발표를 했다. 교단은 몇 차례에 걸쳐 허가 없이는 저서를 출판하지 말라고 경고했지만 그는 따르지 않았다. 교단의 명령에 따르지 않는 그라시안의 이런 태도는 당연히 상층부의 불만을 사, 『비판자』 제3부를 발표할 당시에는 결국 시골로 추방되어 집필금지와 단식을 명받게 되었다. 그 때문에 건강을 해친 그라시안은 병사하고 만다. 예수회의 기록에 그라시안에 대한 좋은 기록은 남아 있지 않다.

하지만 시간은 그라시안의 무죄를 선고했다고 말할 수 있을 것이다. 『신탁필휴』는 불후의 생명을 얻었으며 아직도 많은 사람들의 애독서로 자리 잡고 있다. 17세기 에스파냐에서 살았던 그라시안의 지혜는 오늘날에도 빛을 발하고 있다. 아니, 사람들의 가치관이 더욱 다양화되고 인간관계가 한층 더 복잡해진 현대에 와서, 실제적인 처세의 지혜를 가르치는 그라시안의 말은 점점 빛을 더해가고 있다. 현대 최고의 테너 가수였던 루치아노 파바로티도 그의 전기에서 『신탁필휴』를 애독서로 뽑았을 정도였다.

『신탁필휴』는 프랑스의 모럴리스트들과, 니체 같은 사상가들에게도 영향을 주었다. 그리고 쇼펜하우어도 그라시안에 깊이 경도되어 훌륭한 독일어 역서를 발표했다. 니체는 "유럽에서 도덕상의 문제에 대해서 이처럼 치밀하고 복잡하게 고찰한 책은 없었다."라고 말했으며, 쇼펜하우어는 "이 책이 가르치는 처세술을 누구나 실행에 옮겨야겠다고 생각할 것이며, 따라서 이 책은 모든 사람들을 위한 책이라고 할 수 있을 것이다. 특히 세상의 제1선에서 활동하고 있는 사람에게는 인생의 좋은 지침서가 될 것이며 앞으로 세상에 나아가 날갯짓하려는 젊은이들에게는 최고의 길잡이가 될 것이다. 이 책을 읽으면 많은 경험을 통해서만 얻을 수 있는 교훈을 미리 손쉽게 배울 수 있을 것이다. 대충 훑어보는 것만으로는 충분치가 않다. 필요에 따라서 몇 번이고 정독해야만 한다. 즉, 평생 옆에 두고 함께해야 할 책이라고 할 수 있을 것이다."라고 말했다.

Memo